《山西文華》編纂委員會　編

山西文華·史料編

陽城金石記　沁水賈氏塋廟石刻文稿

民國 楊蘭階　田九德◎撰　賈景德◎編

山西出版傳媒集團
三晋出版社

圖書在版編目(CIP)數據

陽城金石記　沁水賈氏塋廟石刻文稿 / 楊蘭階，田九德撰；賈景德編. —太原：三晋出版社，2018.10

ISBN 978-7-5457-1774-7

Ⅰ. ①陽… Ⅱ. ①楊… ②田… ③賈… Ⅲ. ①金石—彙編—山西 Ⅳ. ①K877.22

中國版本圖書館 CIP 數據核字(2018)第 275393 號

陽城金石記　沁水賈氏塋廟石刻文稿

撰　　者：〔民國〕楊蘭階　田九德
編　　者：賈景德
責任編輯：朱慧峰
封扉設計：山西天目·王明自

出 版 者：山西出版傳媒集團·三晋出版社（原山西古籍出版社）
地　　址：太原市建設南路 21 號
郵　　編：030012
電　　話：0351-4922268（發行中心）
　　　　　0351-4956036（總編室）
　　　　　0351-4922203（印製部）
網　　址：http://www.sjcbs.cn

經 銷 者：新華書店
承 印 者：山西人民印刷有限責任公司

開　　本：700mm × 1000mm　1/16
印　　張：14.5
字　　數：80 千字
版　　次：2018 年 11 月　第 1 版
印　　次：2018 年 11 月　第 1 次印刷
書　　號：ISBN　978-7-5457-1774-7
定　　價：90.00 圓

ISBN 978-7-5457-1774-7
9 787545 717747 >

《山西文華》編纂委員會

《山西文華》學術顧問委員會

李　零　李文儒　李學勤　袁行霈　唐浩明

梁　衡　張　頷　張光華　葛劍雄　楊建業

《山西文華》分編主編

著述編　劉毓慶　渠傳福

史料編　張慶捷　李晉林

圖録編　李德仁　趙瑞民

出版説明

山西東屏太行，西瀕黄河，北通塞外，南控中原，是中華民族的主要發祥地之一。中華文明輝煌燦爛，三晋文化源遠流長。歷史文獻豐富、文化遺産厚重，形成了兼容並包、積澱深厚、韵味獨特的晋文化。山西省政府决定編纂大型歷史文獻叢書《山西文華》，以彙集三晋文獻、傳承三晋文化、弘揚三晋文明。

《山西文華》力求把握正確方向，尊重歷史原貌，突出山西特色，薈萃文化精華，按照搶救、保護、整理、傳承的原則整理出版圖書。叢書規模大，編纂時間長，參與人員多，特將有關編纂則例簡要説明如下。

一、《山西文華》是有關山西現今地域的大型歷史文獻叢書，分「著述編」「史料編」「圖録編」。每編之下項目平列；重大系列性項目，按其項目規模特徵，制定合理的編纂方式。

二、「著述編」以一九四九年十月一日前山西籍作者（含長期在晋之作者）的著述爲主，兼收今人有關山西歷史文化的研究性著述。

三、「史料編」收録一九四九年十月一日前有關山西的方志、金石、日記、年譜、族譜、檔案、報刊等史料，以影印爲主要整理方式。

四、「圖録編」主要收録一九四九年十月一日前有關山西的文化遺産精華，包括古代建築、壁畫、彩塑、書畫、民間藝術等，兼收古地圖等大型圖文資料。

五、今人著述采用簡體漢字横排，古代著述采用繁體漢字横排。

《山西文華》編纂委員會

出版前言

金石文字，古來最重山左、山右、關中、中州四地。山右古稱金石淵藪，豐碑大碣，摩崖巨制，不勝枚舉。其中陽城一域，舜漁濩澤，穆王觀桑，靈光千古，貞瑉翼然。「陽城，山邑耳，沁水經流，峰巒表裏，無十里之坦途，百頃之平田，而風物深秀。金元明清四朝偉人接迹，文學稱焉。」①民國時期，陽城籍楊蘭階、田九德二賢，採獲勤勉，博稽載籍，薈萃《陽城金石記》一編，有功金石學術，不廢山邑風雅。

楊蘭階（一八六七—一九三七），陽城縣潤城鎮下莊人，字藝生、沚生，又字湘浦，號癡僧，又號楊月軒主人，近代山西著名的藏書家與書畫金石家。楊蘭階出身於沁河楊氏家族，「遠自高曾，代以能書著稱，所讀經史，率皆手自繕録。家道雖不中貲，而收藏碑版頗富。」②祖先楊天衢，係金代鄉貢進士；祖父楊伯朋，清同治三年（一八六四）甲子科舉人；父楊念先，光緒十一年（一八八五）拔貢。楊蘭階自幼接受傳統科舉教育，曾考取副貢生，奈何生逢清末，仕途遭際堪傷，功名無望，曾棄儒從商，赴山東曹縣吉隆號典當鋪作相公，然家

① 郭象升《陽城金石記》序。郭象升（一八八一—一九四一），字可階，號允叔，晚號雲舒、雲叟，山西晉城人，近代著名文史學者、教育家及藏書家。

② 楊蘭階《陽城金石記》後序。

族父輩於其學業一事，念兹在兹：「汝在外公事之暇，時藝、小楷務須留心，是亦收心之一助也。」「汝當於工餘之暇，即當以時藝、小楷、試帖三者爲急務。」①楊蘭階工書法、善吟哦、精校訂、富收藏，其於舊學學養深厚，淵源正在於此。

民國年間廢除科舉後，楊蘭階於山西省諮議局自治研究所畢業，初任陽城縣勸學所視學，後任教於晋城半坡村和陽城第三高小。一九二〇年，楊蘭階在太原任山西省農業專門學校校務主任，繼任山西省國民師範高師部學監。同年，陽城重修縣志，楊蘭階分寫「金石」一門。一九二九年，高師部改爲山西省教育學院文科，後又改爲山西教育學院、山西大學教育學院，楊蘭階均任齋務主任。

楊蘭階壯年時曾遊歷豫魯等地，遍訪書法名人。精研筆藝，詳究源流，其本人長於行草篆隸，嗜好搜集摹拓鐘鼎碑記，親手裱褙，裝訂成册。著作有《嘯月軒藏碑記》《濩澤楊氏世德吟論》《嘯月軒詩經》等。一九三六年，楊蘭階有感於「文獻攸關，不妨姑作引喤」，「余行年七十，百用無成，惟兢兢守先人舊業，未敢少墜」，②遂與通家舊友田九德，勠力合編而成《陽城金石記》一書。次年，楊蘭階病逝。

田九德，陽城人，字玉汝，民國時山西文獻委員會委員，山西著名藏書家、金石學家。曾任教於私立并州

① 《楊念先示兒書》，《晋商史料全覽·晋城卷·金石文獻》，山西人民出版社二〇〇六年。
② 楊蘭階《陽城金石記》自序。

大學①、山西國民師範學校，三晋桃李，盡出其門下，其中尤以郭象升、郭少仙爲翹楚。新中國成立後，田九德任山西省圖書館館長。其留心古舊，精於版本目録之學，著有《目録學講義》《版本辨異》《張古愚年譜》等十餘種，三晋名士延君壽之《樊南詩鈔》、楊蘭階之《陽城金石記》，均有其襄助刊行之功。

《陽城金石記》序者雲集，計有晋城郭象升、榆次常贊春②、五台張淑琳③、河津喬壎④、晋城原石民⑤，三晋當年才傑，一時彙聚此編，由此亦可見民國山右學界對楊蘭階、田九德二賢輯梓之功的肯定與揄揚。正文則以朝代爲綱，搜採宏博，共收金石二六六品（含東魏一、後漢二、北齊一、後周一、隋一、唐十、宋十八、元四十一、金三十八、明八十九、清六十四），楊蘭階於每品金石，先記録其書體、時代、採於何處，再述其内容價值，末多附按語，按語内容謹嚴，或關係掌故，或訂補軼聞，或可證記載之舛訛，或足助筆墨之摹仿。陽城境内之金石菁華，盡括於此。

《陽城金石記》金代部分録有泰和六年（一二〇六）楊廷秀所撰《靈泉寺萬松亭記》，楊蘭階按語詳盡，考

---

① 一九二九年七月，山西太原山右大學、興賢大學兩校董事會爲順應教育部立案的要求，一致同意將兩校合併爲并州大學。學校分設文、法、醫三個學院，校址定爲太原萬壽宫。一九三一年九月，當局以并州大學中國文學系、醫學院尚未設立本科爲由，不批准并州大學立案。學校更名爲太原私立并州學院。一九三三年起，按照中華民國教育部「廢止文科、擴充實科」的意見，中文、法律、政治三系先後停招，同時開設了農藝化學系和國際貿易系。一九三五年，學校停辦。

② 常贊春（一八七二—一九四一），今山西晋中市榆次區人，字子襄，別號柞閈吟龕，終身從事教育及文化事業，近代山西著名教育家、國學家、文學家、書法家。

③ 張淑琳，近代山西報人，曾於一九一六年創辦《公意日報》。

④ 喬壎，字笙漁、笙侶，清末授文林郎，師範科舉人，曾任山西大學教授。

⑤ 原石民（一九〇〇—一九六六），山西省晋城人，近代著名學者、金石書畫篆刻藝術大師。

證萬松亭乃楊廷秀刺澤州時手建，其「虎峰居士」之號，亦是取自陽城縣西北二十里之臥虎山。「近日陜人張扶萬鵬一曾搜集廷秀詩文都爲一卷，題曰《楊晦叟遺集》，刊入《關隴叢書》。邑人田玉汝九德助之徵訪此碑，亦經採入遺集矣。」另如元代部分録有後至元三年（一三三七）進士衛元凱撰《清風亭記》（正書 孫德昌書丹 郭楷篆額 今在東關關帝廟），楊蘭階結合《陽城縣志》相關内容，在按語中辯白考訂，斷定「縣志以此脱脱爲丞相脱脱者，誤矣。」以上種種，輔證補闕，徵文考獻，金石之功，正在於此。

明清時期，陽城與韓城、桐城並列爲「三城」，文風昌熾，名士頻出。「陽城縣山水獨明秀，故多博學能文之士，潛修僻處，不求聲聞，亦自成風氣。」①《陽城金石記》中載有《徐昆學規八條石刻》（正書 乾隆年 今在城内儒學）。徐昆，平陽府舉人，字後山，號柳崖，才美學富，乃清代三晋名士。乾隆四十一年（一七七六），徐昆任陽城縣教諭，廣開學路，高振儒風，立「學規八條」鐫壁，皆言身心性命、修己治人之道，教人先器識而後文藝。斯人揚鞭離任，學規勒石長存，名士於此地誨英育賢之心，拳拳在兹。另如陽城名刹海會寺（又名龍泉寺），寺内附設海會别院，明代兩位陽城籍吏部尚書——王國光與張慎言，及清代吏部尚書陳廷敬均曾讀書講學於此，四方文士慕名而至，流觴曲水，雅集不斷，其繁盛之況，於《陽城金石記》中可見一斑：《龍泉寺重修寶塔佛殿記》（正書）、《王國光贈心昂上人詩碑》（行書）、《關中張元善遊海會寺詩碑》（草書）、《王國光遊海會院詩碑》（行書）、《趙爾守海會寺詩刻》《宛邱徐貞夜宿龍泉寺詩碑》《西極文翔鳳龍泉行碑》《白胤謙過龍

① 原石民《陽城金石記》序。

泉寺舊讀書處詩碑》（正書）、《關西楊素蘊詩碑》《張域海會別院種松銘》（草書），鄉邦文化之脉、貞石之魂，藉《陽城金石記》得以永年。

更值得注意的一點是，楊蘭階、田九德二賢捫藤蘿、披荊棘，訪求徵考陽城金石文獻的同時，不忘謹庠序之教，秉舌耕之道，「己未丁艱里居，教讀於劉村第三高校，課畢餘暇，輒率同人及學生散步訪碑以爲樂。久之，全校師生盡被余所薰陶，亦皆樂於尋訪且一一解椎拓之法。」①延續學脉，陶鑄子弟，可謂功弘化育。「連歲以來，伊闕造像北邙志銘不翼而飛者不知凡幾，即吾晋渾源彝器、天龍石刻亦捆載而陳列於巴黎、東京之圖書館博物館。」②楊蘭階、田九德二賢，於民國亂離之秋，搜考輯梓鄉邦金石遺文，旨在由此增助國人愛鄉土之心而進於愛國家。如此高義，後人不可不深悟。

沁水、陽城二地，南北毗鄰，同受沁河之滋養。《陽城金石記》付梓刊行當年，山西政壇重要人物賈景德③，撰就《沁水賈氏塋廟石刻文稿》，盡述其家族——沁縣賈氏先人立身行義之本末。文稿中行狀、墓表、墓碣、先塋記、家墓記凡二十三篇，另附《述哀》詩五首（詩前有郭象升序），深有骨肉慈孝之感，隕人涕淚。沁水賈氏，名門望族，累世宦業，此塋廟石刻文稿，可視爲其姓氏之史，《左傳》云：「保姓受氏，以守宗祊，世不絶

① 楊蘭階《陽城金石記》自序。

② 喬壎《陽城金石記》序。

③ 賈景德（一八八〇—一九六〇），字煜如，號韜園。山西澤州府（今晋城市）沁水縣端氏鎮人。光緒舉人，後中進士，殿選知縣。民國初任山西都督府秘書監。後任平津衛戍司令部、太原綏靖公署秘書長、行政院銓敘部長、考試院、行政院副院長等職。一九四九年去台後任「考試院」院長、「總統府」資政。

祀，無國無之。」《沁水賈氏塋廟石刻文稿》之刊傳，明禮讓於不替，倡敬宗而睦族，時至今日，仍有揚既往，勵方來之意義。

三晋宗彝，泱泱大風，二〇一八年，三晋出版社將《陽城金石記》《沁水賈氏塋廟石刻文稿》二編納入《山西文華》叢書，踵前賢之芳規，以助鄉邦貞石之不泯，誠爲美事。

李雪梅

二〇一八年十一月

目録

出版説明……一
出版前言……一

陽城金石記……一
沁水賈氏塋廟石刻文稿……一〇九

陽城金石記

陽城縣金石記

山西陽城民衆教育館謹贈

陽城金石記

陽城金石記

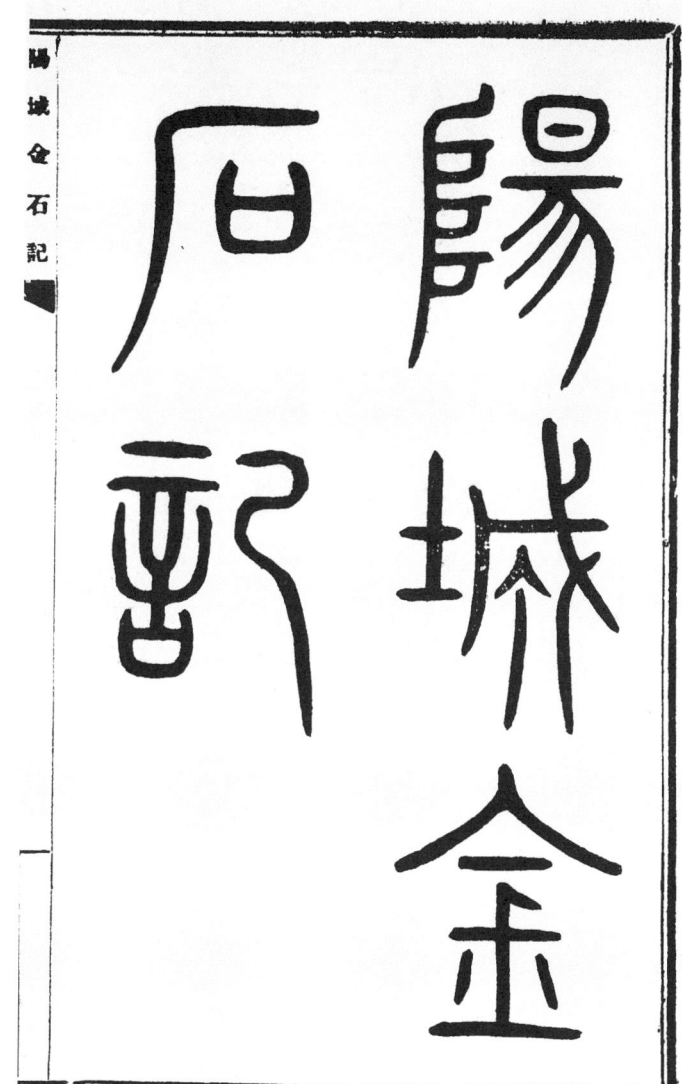

民國二十
五年五月
印於太原

金石之學自宋賢始而盛於有清其書旣多其爲之序跋者復辭累千萬於古義無所不搜於議論無所不備爲此學者大抵知之矣昔畢秋帆制府與幕下諸客共撰關中金石記謂金石關係方志掌故甚重且鉅宜由各州縣賢紳哲士分任之自爾以來沿畢意以爲書者踵起前此非無作者如顧亭林昌平金石記一流要不逮乾嘉以後之書法嚴而例善也吾晉承天下風氣考證搜羅莫盛於同光之交山西通志内金石一志當世之所共推也旋有山右石刻叢編之作著錄益富然而好事者略一訪求即多新獲按之叢編目錄大半無之非但發冢築路之創遭也蓋山巖祠壁昔年遺落者固多矣吾友楊沚生先生博雅好古善校仇之學所讀四部書點勘精詳有盧抱經顧千里家法尤嗜金石脾版爲其學者四十年

幾於性命以之其初視爲珍玩慕效風流耳久之所愛漸廣片紙殘墨無不寶惜凡俗流指爲醜怪不足矜式者君輒曰書迹妙絶汝曹自不識也抑君之好此豈獨以其美術耶文獻于此徵學問於此深而性情亦於此日高日定聲色貨利之説往往不逐自去焉所謂與道大適也清代治金石者分二派翁覃溪主藝業者也王蘭泉主學問者也君於此事蓋由翁以入由王以出者一旦以陽城金石記見示曰爲我序之余曰此蘭泉之枝流餘裔抑秋帆之教也君於翁派金石述作頗具乃先以此種付印豈不曰養主觀之神明一人之所獨得具客觀之聞見一方之所同賴乎然則是編之付印其不可以緩君襄佐山西教育學院院政者十年矣公務之餘惟喜校書牛毛繭絲眊損目力太甚遂患頭風時愈時作雖不爲大

累而丹黃二毫由此暫廢乃一意於碑版之搜求以寄其物外遐想是編亦於此定稿則數十年網羅所得也陽城山邑耳沁水經流峰巒表裏無十里之坦途百頃之平田而風物深秀金元明清四朝偉人接跡文學稱焉近百年來稍陵夷矣余以爲事功不可驟興而風雅固可漸復金石誠枯槁寂寥之學然士君子於此不苟則聲色貨利之説遠而詩書道義之意生於以恢舉前賢之迹不難也顧可曰區區目錄又囿於一方而尋常視之也哉世愚弟晉城郭象升敘

金石之學清代稱盛語其大則凡證經訓覈史蹟語其細則凡先民之妙墨地方之軼事胥可見焉在吾北方則有京畿金石考中州金石記山右金石志關中金石記關中金石附記雍州金石記常山貞石志諸書然皆綜合各屬州縣或通省爲書者也若一邑之作如安陽金石錄偃師金石錄均附縣志惟濬縣金石錄益都金石記乃志外別行爾談金石者稱精審也吾晉僻處邊隅向鮮作者惟高郵夏氏有山右碑目之輯大輅椎輪闕而未備臨汾宋氏琦之碑目稍增矣仍據耳目所及且僅列其目焉耳鄉寧楊氏篤始輯山右金石記既附通志且作別行較前諸作爲勝矣而天門胡氏踵以輯山右石刻叢編然牧令既困於簿書士林復憚於徵訪所獲抑廑得此以外無從更錄且綜全省而言疏漏略當什倍於是也嗚

呼斯事雖細要非有篤古而嗜學者烏足以云勝任哉陽城夙號名區沚生楊君承累葉青箱金石遺文尤爲篤嗜向著嘯月軒金石目已足補正前民寰宇訪碑錄之略猶復廣搜邑之金石上溯魏齊下迄清代成陽城金石記而君猶不自爲功也更約田君玉汝相與拾遺補闕勒爲定本於以褎史故挹遺芬與往歲定襄牛君均以本邑人述本邑故者後先暉映雖未克如偃師武氏億益都段氏松苓並經鴻碩宣揚詡爲名著然他日者治國聞舉廢墜君茲所著當不在武段諸著之後可斷言也牛君之著得代縣張君之序彌足增重君乃不鄙贅之瓠落辱承屬序頃小病初瘥精神頹憊聊述所知以償宿諾殊不足以重君也

中華民國二十五年小寒節榆次常贊春序於并垣之柞閒詅齋

自歐陽永叔著集古錄後學者方知以金石證史裨益匪淺於是金石之學遂成藝林之大宗然考歐陽氏之書頗偏重於文字之工拙故以其愛憎而任意去取者多矣以致名蹟銷亡後人無從考索此亦白圭之微玷也但歐陽氏著書于北宋而收錄訖于五代後來學者則少靳焉此則有昧於歐陽氏之本旨矣蓋居今日而上溯百年以爲近古之物不必甄採豈知更百年而後往往雖欲著錄已不可必得哉故金石文字之著錄不患其寬而恆失之太嚴抉擇謹嚴在當時可徵鑒別之能而後來者往往攻其疏陋但以全國之金石浩如烟埃又兼近年大肆伐掘新出之物日有所聞以一人之力而欲其收括靡遺不可得也故分工尚焉大而以一省爲限小而以一縣爲斷則不患其或有遺漏矣老友楊君沚生出其前

所輯陽城金石記更得田君玉汝爲之排比校勘訖將以付印而囑序于予予於金石之文固亦有歐陽氏之疾者偏重於筆法而忽略於證史未能發此書之精詣但喜其定例極寬錄及民初而又以縣爲範圍既可爲全國金石志之要删又可備後來者之考證其必爲傳世之作也殆無疑爲因書所見以爲之叙中華民國二十四年十二月五臺張淑琳謹叙

長洲葉鞠裳太史著語石一書謂燕齊秦豫之郊菁華盡洩獨三晉山澤家秘寶藏未啓吾嘗執斯論以考山西金石書之著錄者自夏寶晉王煒兩君著述外惟鄉寧楊氏天門胡氏之金石記石刻叢編較爲詳備顧荒崖峭壁梵刹幽宮遊屐之所未經耕犁之所未掘者當更不少也近歲忻縣陳芷莊處長關心金石文字搜藏拓墨最富稷山王養齋縣長本之撰山西各縣名勝古蹟古物調查表又撰盂縣金石志略汾陽金石類編定襄牛明允縣長亦編輯定襄金石攷前後皆經付印雖繁簡不同體例互異而自昔未被氈椎未登目錄者十九表見於人世洋洋大觀談晉乘者疇不爭先快覩哉陽城楊沚生先生酷嗜碑帖著陽城金石記上溯元魏下迄滿清凡金屬若干品石屬若干品或關繫掌故或訂補軼聞或可證

紀載之舛譌或足助筆墨之摹仿別有會心非同泛錄友人田君玉汝又詳加參訂排比成書印訖徵序於余余惟金石紀錄至清代嘉乾後粲然大備翁覃溪王蘭泉阮雲臺孫淵如諸先生搜錄尤爲閎博往往據之以校正經史間或少涉武斷而創解新聞亦自豁人心目洎近人王國維等出波瀾益壯甚至用殷墟文楔形文與我國正經古史相印證趨風氣者輒奉爲圭臬譬諸食肉者爭言馬肝僅可謂之異味耳固與鐘鼎款識幢蓋碑銘之文少有區別也夫東西各國方且掐摭埃及巴比倫身毒古代石刻於土坰冢塔之餘珍若拱璧以傲睨吾人乃連歲以來伊闕造象北邙志銘不翼而飛者不知凡幾即吾晉渾源彝器天龍石刻亦捆載而陳列於巴黎東京之圖書館博物院莘莘學子反視爲不足輕重政教之不

修學術亦隨之不競斯豈第一鄉一邑之憂哉保存國粹者藎然心傷矣泚生先生以垂暮之年捫籐蘿披荊棘舉全縣金石彙萃成編玉汝又援經引史以證明之其裨益文獻爲何如者晉中不少賢豪倘有聞風興起者合一百五縣之豐碑石碣區別時代分析種類蔚然製爲傑構葉氏所謂泱泱大風之三晉宗彝未發責在後人者吾晉人實能雪此恥也楊田之芳規伊邇吾且拭目望之矣丙子閏三月朔河津喬墉笙漁謹叙

山西土燥水涸山見骨風挾沙稱其幽并雄傑之氣而陽城縣山水獨明秀故多博學能文之士潛修僻處不求聲聞亦自成風氣晉城陽城接壤余得多友其人而楊沚生田玉汝二先生相識尤久沚生先生嗜金石碑刻文字手自裝藏耄年不倦每相見必曰近得某碑某石墨同異若何玉汝先生博極羣言尤精目錄校讎之學每相見必曰近獲某書及某刻本佳處若何余浪跡南北多識海內博聞好古之士然未有深知篤嗜如二君者頃以所合箸之陽城金石記屬爲序之因噫昔年有某青年以世風澆漓爲憂者余問之曰汝縣某先賢箸述曾刊布否曰未也某山某寺曾修復否曰荒廢愈甚矣余曰然則斯何足怪今富者惶惶貧者嗷嗷碑作礎板當薪其不至於掘其先人之墓而售其骨者幾希則世風之澆漓何

足怪今讀陽城金石記詳贍博洽文存事該他日風行必有以增助國人愛鄉土之心而進於愛國家者何則其所期待者遠也國人致疑於過去文獻之無用也久矣當此秦火胡灰之頃乃有搜集其鄉土金石遺文付刊以破此疑者是則余之所喜非僅以其徵文考獻以其關係於國家民族深且鉅也民國二十五年三月晋城原石民謹序

陽城金石記

邑人　楊蘭階　沚生
　　　田九德　玉汝　同撰

東魏

竇文景等四面造像　正書武定二年三月今在澤城村按像下題名有竇元徐州長竇𤰞安二州次史顯楊公東征大將軍使持節等銜均可補縣志之闕惜原石剝落未能一一釋出爲憾事耳

北齊

上官顯願等五十人造像摩崖　正書天保六年九月今在周壁村按記中叙周齊二國交侵考之史策一一符合惟顯願名不見於北齊書州

壁者文宣帝手詔顯願等營建貲以拒周者也故又名周壁後有明萬曆四十二年前進士吏部郎中尙義白所知跋

隋

趙建林等六十八四面造像　正書開皇四年今在縣東洸壁村北小龕內

唐

趙仁卿等八人四面造像　行書三面有字聖曆元年八月今在縣東洸壁村湯廟

侯懷讓合家造像　行書刻座上及兩傍聖曆三年二月今在縣東下莊村楊姓

李法勝三級石浮圖座四面題字　正書開元二十三年五月座後有後
漢重立記今在縣東下佛里廟

楊庭芝等造像　行書天寶十三載十月今在縣東崇上村里廟

下李邱廟造像碑　正書上元二年今在下李邱廟內

宗紹等造像　行書咸通五年十二月今在縣東中莊村曹姓按記中所
載村鎭有褭金谷之名邑人王南村炳照謂即今之郭峪村是也炳照
別號靑蘿山人陳明軒秉灼爲之傳著有介雅堂詩集

舍利塔記　正書釋圓鏡撰並書甲申九月今在縣北劉村靈泉寺塔坡

舍利塔碑陰　正書額題仁壽大師法眷碑記龍紀元年九月建額按龍
紀爲唐昭宗年號僅一年次年即改元大順然是年爲己酉非甲申也

前一甲申爲懿宗咸通五年下距龍紀元年凡二十五年去碑中所列諸人年月太遠後一甲申爲莊宗同光二年上距龍紀元年凡三十五年以碑中李嗣昭任圜李繼儔裴約李繼襲等題名職銜證之後一甲申較爲近之而龍紀元年則爲建額之年從後所追叙者與題名諸人年月無涉也據新舊五代史李嗣昭等傳其授官年月核以碑中職銜甲申亦爲後來追叙碑列嗣昭職銜爲昭義軍節度使潞澤邢洺磁等州觀察處置使檢校太尉中書令食邑三千戶與晉城天祐十三年之開元寺銅鐘記結銜略同史載天祐三年以嗣昭爲昭義軍節度使銅鐘記所列是也史又載十九年晉遣閻寶攻張文禮於鎮州寶爲鎮人所敗莊宗乃以嗣昭代之鎮兵出掠九門嗣昭以奇兵擊之鎮軍且盡

餘三人匿破垣中嗣昭馳馬射之反爲賊射中腦嗣昭顧箙中矢盡拔矢於腦射殺一人還營而卒是此碑之立距嗣昭之沒首尾已三年矣而碑中仍書其銜是顯然爲追叙無疑也至任圜授中書侍郎兼工部尚書同中書門下平章事判三司則在天成元年五月丙辰後於同光甲申亦三年裴約刺澤州以同光元年六月城破被害在甲申之前而碑中列銜不顧年次先後並濫列死者之名蓋僧人勢利喜攀顯貴往往顚倒年月違背事實如此實則此碑前後均同時所刻既追溯建額之年爲龍紀元年矣而於嗣昭諸人除授官職及死亡年月未能確指故依稀影響其年繫之於甲申耳其究爲何年所立雖不可知然爲甲申以後所立則可斷言者也仁壽大師疑即洪密之法號以寺中尚有

後唐明宗天成元年賜密勑書碑可證密故與明宗有舊因亦與其臣下多往還也碑陰列名尙有李鄴焦彥威李彥儔等新舊五代史均無傳洪密異蹟甚多孫光憲北夢瑣言載其佚事

靈泉禪院碑記　司空圖撰舊在靈泉寺乾隆乙亥舊志謂在盤亭寺兩寺均洪密所建或盤亭亦有此刻歟文舊志載入藝文司空表聖文集亦收此篇山西通志澤州府志並著錄按碑叙洪密俗姓劉氏本儒家子始自清涼歷覽至是山乃創林棲之所遇太尉李公駐軍高平首資葺搆云云與舍利塔記所述大致略同李公卽李嗣昭也末又叙耐辱居士病且死不忍其門人惠依惠海之勤請也直紀所行惟以漏略爲愧云舍利塔碑陰列仁壽大師門人第二卽惠依第十三卽惠海僉信

仁壽爲洪密法號無疑也文中於密推崇備至密得此亦可以不朽矣

後晉

靈泉寺銅鐘記　天福中舊在靈泉寺山西通志著錄同治甲戌舊志云靈泉寺銅鐘後晉天福年作其形橢而不圓乃洪密遺物僧徒傳寶之志誤天福爲開福　階幼聞先輩相傳此鐘於光緒三年大祲爲寺僧所毀賣且邑中無售主及敢購者遂爲豫人輦去而入火不鎔

後漢

魏思福重立浮圖記　正書龍泉禪院主僧敬謹述乾祐元年正月今在縣東下佛村里廟敬謹名又見後龍泉禪院碑記

魏本重立浮圖記　行書前攝澤州司馬衛文岳書乾祐元年正月刻李

法勝三級浮圖座後

後周

龍泉禪院前後記　正書額題勅賜龍泉禪院六字篆書講上生經沙門師誠篆前記文林郎前守澤州司法參軍徐綸撰廣順二年後記鄉貢進士王獻可撰並書顯德三年九月今在縣東龍泉寺亦名海會寺按此碑見寰宇訪碑錄及山右石刻叢編邑中碑版有名於世者止此而已而通志載唐龍泉禪院碑爲乾寧元年後周龍泉禪院後記爲廣順二年蓋以此碑文內有唐乾寧元年十月二十五日降勅賜額爲龍泉禪院等字因以爲二碑邑中舊志採入藝文亦誤以爲二也王獻可郡人府志有傳縣志選舉表亦列之誤爲王獻遺脫可字當據碑訂正

宋

征南懷遠將軍太子少傅左僕射燕亮墓碑　乾德年今在南次營村按亮字明軒有一子名恕官僉參知政事孫四人曰貴曰榮曰寶曰興餘無攷

佛頂尊勝陀羅尼八面經幢　正書乾德六年五月今在縣東海會寺按是年十一月即改元開寶此幢刻於五月故仍署乾德六年也

勅存湯王行廟之記　正書正額王彥珣撰開寶三年八月今在縣北馬寨村對面山頂吳神廟

勅存湯王行廟之記碑陰　正書題名計三列

龍泉禪院四至合同　正書太平興國七年正月後有騎縫四字僅留半

面蓋文書契約之類多有此等今在海會寺

龍泉禪院土田壁記　正書太平興國七年三月今在海會寺山右石刻叢編著錄

僧惠志建塔亭記　行書大中祥符三年三月今在靈泉寺

大宋何公碑銘　正書額題六字篆書進賢山長王虞撰明道二年二月今在酒莊按漢榮名不見於宋史而碑中所叙宋事往往與宋史符合碑載咸平四年玁狁侵我河北王□征伐公爲策先鋒加銀青光祿大夫檢校國子祭酒兼御史中丞驍騎尉下闕王超充西路行營馬步軍都部署公爲□□□賊遁去宋史眞宗本紀云咸平四年七月己卯邊臣言契丹謀入寇以王顯爲鎭定高陽關三路都部署王超爲副都部署

王漢忠爲都排陣使十月己未張斌破契丹於長城口十一月壬申王顯奏破契丹斬二萬人獲統軍鐵林等漢榮隸王超部故碑中止及王超惟史以超爲副都部署與碑小異碑又載景德元年北狄又犯河北撓亂中夏公與定州副都部署王能爲三路行營策下闕宋史王能傳不載此可補其缺也碑又載王超守定徒有百萬之衆有尾大難掉之勢保州防禦使馬步軍副都部署楊延昭公與其謀扼高陽關口敗㟼之計宋史楊延昭傳云景德二年進本州防禦使俄徙高陽關副都部署與碑所載延昭職銜略同惟不言控制王超事耳碑又載明年左諫議大夫王嗣宗牧并奏公口充潞澤晉絳威勝軍等都巡檢宋史本傳紀嗣宗牧并在咸平五年此敘在大中祥符中或嗣宗牧并年久歟不然

碑與史必有一誤也碑又載漢榮有子五人長曰懷德右侍禁時任澤州管界巡檢晉城天聖九年龍堂記列銜有左班殿直澤州管界並連太行山一路巡檢何懷德之名是明道二年已由左班殿直陞轉爲右侍禁矣其餘有關攷證之處尚多惜碑之上半爲風雨所剝蝕未能一一與史相映證也

佛頂尊勝陀羅尼八面經幢　正書僧惠超書皇祐四年二月今在靈泉寺

海會寺新篁記　正書黄廉撰並書元祐元年閏二月今在海會寺文舊志載入藝文按廉字夷仲嘉祐進士歷官至給事中宋史有傳此記及澤人所最傳誦之河東人物氣勁豪澤州學者如牛毛一詩蓋皆行縣

時所作也詩載府志又邑中靈泉寺舊有夷仲詩刻今不存詩凡二首

府志全載縣志錄一

勅賜壽聖禪院碑　正書西洛僧善仁撰并書河南薛孝篆額元祐七年

上元日今在縣北陽陵村壽聖寺山西通志山右石刻叢編並著錄

勅賜壽聖禪院碑碑陰　正書上下兩列上列刻治平四年帖文下列刻

助緣人姓名按此碑石已横斷故缺字頗多正面亦分上下兩截上截

平列篆額並牒文下截則碑記也而山西通志繫於治平四年蓋誤以

碑陰帖文内之年爲立碑之年也

開福寺鐵鐘款識　正書建中靖國元年今在城内開福寺鐘樓上

黄叔敖許端卿遊海會寺題名　行書文左題崇寧元年正月今在海會

寺山西通志澤州府志並著錄按叔敖江西南昌人官晉城尉見府志

湯王西廟銅城　崇寧中今在城內懷古里里廟按城爲方形四面四門門上有樓城上之四隅坐有四人皆武裝向外三人缺其首四門之上與城上之平面皆鑄有崇寧重寶崇寧通寶兩種錢式據此則爲宋代崇寧所鑄之物無疑也城外馬四空馬一騎者三除城上坐者及騎者七人外尚有八人有坐者有執杖者有執杖而牽馬者有僧托鉢者有死臥者佛家所傳太子遊四門者也座內三面有陰字一楊喜一侯氏一同男楊均碧城下之座高一寸八脚四面皆寬六寸城下至堞高三寸三分城門高一寸八分城樓高九分城上寬三寸五分城下寬四寸錢式高一寸一分馬高一寸人大小不等重七斤懷古里廟所藏亦奇

物也

析山謝雨文　正書首行題析山謝雨文篆字五大觀四年七月今在城南南神廟大門外壁上文舊志載入藝文山西通志山右石刻叢編並著錄

勅賜嘉潤公記　正書政和六年四月今在城內東王殿大門內花牆後文舊志載入藝文山西通志山右石刻叢編澤州府志並著錄

李之才殿丞詩刻　同治甲戌舊志云眞宗時李之才以殿中丞守澤州答沙門善懃詩並刻善懃秋郊晚望一首有進士閻天佑書碑陰舊本刻置一僧寺中後爲人取去今在田侍郎懋依園別墅壁上按二詩均載入澤州府志藝文門善懃詩又載入陳宏度陽城詩鈔

金

僧惠湛刻後唐明宗天成元年勅書　行書陵邑李東篆額皇統三年四月今在蠶泉寺按碑凡四列上二列刻勅文下二列刻金天眷三年蒙城居士跋及淸康熙二十一年邑人白象綖重摹題識原石已毀於康熙初年此則白氏重摹者也象綖字方來號古厓居士白東谷胤謙之猶子也勅文舊志載入藝文山西通志澤州府志山右石刻叢編並著錄但多題作千峯禪院碑朱竹垞潛采堂金石文字跋尾亦同乾隆乙亥舊志又云在千峯寺或此碑有兩刻歟蓋千峯亦洪密所營道場之一也蒙城居士疑爲高士談之別號因祖貫蒙城故以之自號也中州集士談小傳云士談字子文一字季默宋韓武昭王瓊之後宣和末仕

忻州戶曹仕國朝爲翰林直學士皇統初預宇文大學之禍有蒙城集行於世士談詩文集以蒙城命名則蒙城居士必其別號無疑跋文中有予宦游四方及予被召赴闕等語可知爲仕途名流非山林隱逸之士也士談在宋仕忻州戶曹入金爲翰林直學士與跋文所述恰合宇文虛中以嘲笑諸貴諸貴積不平必欲殺之乃鍛鍊所藏圖書爲反具虛中歎曰死自吾分至於圖籍南來士大夫家例有之喻如高待制士談圖書尤多於我豈亦反邪有司承風旨并寘士談極刑事在皇統六年士談跋文撰於天眷三年去遇禍才隔六年年分又適相符合且金初文人再未見有以蒙城爲號或名其詩文集者士談正金初人也合此諸證蒙城居士爲士談別號蓋鑿鑿然信而有徵也勅書原牘聞前

數年尙存僧人寶貴特至龔以錦緞然破碎甚矣每一展視則紛紛作蝴蝶飛最近一二年中始舉而焚化之由五代至今幾及千歲其保存年代亦可云悠久矣

成湯西廟石門座題字　正書皇統八年五月今在城內成湯西廟二郎殿門下

華嚴寺經幢　行書天德四年舊在城南華嚴寺今歸城內文廟保存山西通志著錄不詳年分按幢爲長圓形兩端比中間略細如碌礦狀又寺之近村曰坪頭有廟曰南陽宮亦有一幢與此無異惜多半沒土中其顯出地上者已剝蝕無字不能知爲何代物也

李妟等遊海會寺詩碣　正書郭方書大定七年五月今在海會寺山西

通志澤州府志山右石刻叢編並著錄詩舊志載入藝文按李晏字致美高平人皇統二年經義進士官至昭毅軍節度使謚文簡金史有傳此詩序稱晏自淇園受代來陽城省覲家兄而適以事趨州云云據此則晏兄必曾爲陽城令其入州乃勾當公事也惜無他書可證莫由攷其名字也其餘何慮楊之休鄭輝劉廷彥四人府志均列入陽城選舉門內疑即據此爲證也惟鄭輝曾官縣丞見邑志及全金詩冀城縣署潞公軒內有輝撰七古詩刻已採入全金詩此五詩亦俱收入另又增入楊天衢禪字韻一首不知郭氏纂金詩時何所根據或寺中別有石刻而今不可見歟

宋邑令張之才詩刻　正書大定十六年正月今在城內文廟明倫堂東

屋內壁上按碑爲金大定中邑人溫光所立張爲宋哲宗紹聖初邑令府志作紹興誤矣之才名不見於他書邑志循良傳僅據碑敷衍不能具始末也宋賀鑄慶湖遺老集卷七有贈張之才詩題下注癸酉五月賦與此當是一人碑云紹聖初來宰吾邑癸酉爲哲宗元祐八年次年即改元紹聖是年代適相符合也又按宋史賀鑄傳稱鑄曾監太原工作是與之才同官晉疆也碑載之才去官日辭湯廟詩云一官來此四經春不負蒼天不愧民神道有靈應信我去時猶似到時貧鑄贈之才詩有句云一官僅歷米五斗滿腹莫驕錢一囊又與之才詩意正合其爲一人無疑山西通志載張商英五台山神燈記內有邑令張之才同行之語是之才又嘗令五台矣如此循良竟不見於史册惜哉惜哉

道一等太清觀砌磚座記　正書大定十六年六月今在城內太清觀按碑末列知文書道士李洞雲修造維那程卞二人又見李俊民重修太清觀記洞雲爲楊善應敬之之師敬之屢見莊靖集備極推崇則洞雲之爲人可知矣莊靖集者鶴鳴老人李俊民所著也

湯王廟記　正書進士吉天佑撰進士申鑒書大定二十三年閏十一月今在縣南東冶村湯廟按邑志選舉表進士表內有吉天佑申鑒名惟誤列天佑於唐據碑可以訂正程卞名又見前太清觀砌磚座記程懋程憲劉贇名又見重修湯王廟記據碑文天佑自叙年五十三以大定二十三年推之天佑之生在天會九年其成進士或在大定初年歟大廣冶村即今東冶村可攷金代地名進義校尉馬仝邑志不載可據碑

補入未有清乾隆戊申粵東馮敏昌題識

海會禪院重修法堂記　正書鄉貢進士端氏蘇瓘撰並書馬翼題額大定二十七年九月今在海會寺文舊志載入藝文山右石刻叢編著錄按碑後列管勾修建副院崇潭又見海會寺詩碣序進義校尉郭谷村馬溫邑志選舉表有名據碑則溫爲郭峪人可補邑志之缺郭谷即郭峪蓋古之褎金谷也蘇瓘名見沁水縣志選舉表

齊李氏太清觀砌北極御座記　正書大定二十九年十月今在城內太清觀

尊勝經碑　正書僧惠淵記大定二十口年六月今在靈泉寺塔坡按此碑上下已剝落

陽城令張恪去思碑　大定中山西通志天下金石志並著錄按張恪邑志有傳

鐵鐘款識　正書大定中今在縣西次營村

趙氏祖塋經幢　正書進士楊□撰明昌三年七月今在小趙莊

佛說生天經八面經幢　正書衲子洪寧書明昌五年三月今在海會寺

按此碑已截作柱礎

大寧村移修釋老堂記　行書將仕郎新授環州司牒王仲元撰里人樂□書太和元年三月今在縣北大寧村西佛堂院壁間按此碑頂鐫佛像下截已剝落

重修湯王正門記　正書應鄉貢進士元中孚撰里人吳楨書承安四年

九月今在下李邱村

上佛村孔子廟石門闌題名　正書泰和五年八月今在縣東上佛村里廟後院按題名內惟楊天衢爲鄉貢進士見邑志及海會寺徐守謙詩碣餘人俱無攷

上佛村關帝廟石門闌題名　正書無年月亦在上佛里廟後院題名有與孔子廟相同者必同時也

重修湯祠記　正書雙溪白道人韓士倩撰鄉貢進士魚元衡書泰和五年閏八月今在縣北馬寨村對面山頂吳神廟按韓士倩沁水人登大定十九年進士見沁水縣志本邑崦山白龍廟碑記亦士倩所撰縣署鐵鐘又有士倩名蓋二邑比鄰姻婭往還如同縣固從古然也碑後又

列進義副尉李周之名縣志失載可據碑補入

重修湯祠記碑陰　正書前三行爲一短文後列題名十一行泰和五年

按題名內亦有李周之名但未書職銜又有進義副尉張立亦不見於縣志當據補

徐守謙詩碣　正書鄉貢進士楊天衢書泰和五年閏八月今在海會寺

澤州府志山右石刻叢編並著錄按此碑原石已毁今日所存則明嘉靖十三年寺僧宗雷所重摹者也崇潭名又見重修法堂記楊天衢名又見上佛里廟石門闌題名天衢爲鄉貢進士縣志列之進士據碑可訂其誤天衢字行周縣志誤爲二人徐守謙府縣志並誤徐爲許宜據此訂正

靈泉寺萬松亭記　楊廷秀撰泰和六年舊在靈泉寺文舊志載入藝文山西通志著錄按廷秀金史無傳中州集卷七載其遺詩二篇小傳云廷秀字德懋華州人大定中進士學詩於蘭泉張吉甫有渴心曉夢江湖闊醉眼春風草木低之句泰和三年刺澤州致仕後閒居鄉里坐爲楊珪詿誤被法士論寃惜之此碑爲泰和六年所立正廷秀刺澤州時也廷秀風雅好事郡中所留遺蹟頗多此亭亦其手建者也碑載蘆水之南有山曰臥虎蓋取山形之似也而自稱曰虎峯居士或即取臥虎之名而因以自號歟近日陝人張扶萬鵬一曾搜輯廷秀詩文都爲一卷題曰楊晦叟遺集刊入關隴叢書邑人田玉汝九德助之徵訪此碑亦經採入遺集矣

豆村重建舞庭之記　正書進士劉居簡撰並書丹篆額泰和八年中元日今在縣西府澤村里廟按居簡名見縣志選舉表惟不詳年分此可補其缺也

白龍廟碑記　雙溪遺老韓士倩撰泰和中今在北崦山按此碑同治甲戌舊志著錄

縣署鐵鐘款識　正書泰和中今在縣署按內有韓士倩題名

重修湯王廟記　正書進士趙䟗撰邑人趙宇書幷篆額大安三年八月今在縣南東冶村里廟按碑中述縣尉武略劉侁巡歷至此是侁爲本邑縣尉非本邑人也邑志職官表不載據碑可補其缺程懋程憲劉賫等名又見湯王廟記趙䟗邑志選舉表失載宜據補

宋雄飛詩刻　行書崇慶癸酉四月今在城内太清觀澤州府志山右石刻叢編並著錄按崇慶爲衛紹王年號止一年次年即改元至寧此碑刻於四月尚未改元故仍書崇慶癸酉也晉城縣志職官傳云雄飛字雲翔眞定人由辭科進士任刑部檢法出爲通判郡事明習法律州有疑難諸獄多所匡正此詩有問囚傷道氣之句正與志合也據結銜書宋雄飛翔霄和安居士題可攷正鳳台志雲翔之誤此刻石鳳台亦有之故山右石刻叢編即著之鳳台其實有兩刻也又金石續編載有泰和二年老君庵宋雄飛詩刻

析城山重修成湯廟記　正書李俊民撰元光元年今在析城山湯廟文舊志載入藝文

封虎遵等四面造像　正書不詳年月今在封村按此石高三尺零五分上寬一尺四寸五分下寬一尺七寸五分側上寬九寸五分下寬一尺二寸中層皆有像大小不一坐立各異俱爲離體下列左二行有藥師主封虎遵妻粱八字下半截係陰文像年久剝落仿佛有形正右邊有迦葉主張摩如侍佛八字右側下列係陰文像女一男奉侍二分持傘扇像前一行有鳳纂妻酒息仕騷仕儒侍佛十一字像後一行有藥師大像主皂服從事封鳳纂十二字上列離體像八左側上列離體像十背上三列共離體像十五尊下有維摩張文顯侍佛七字此石爲乙亥所訪得因椎拓不易故詳著其尺寸形制焉

造像殘石　三面有字字極古雅不詳年月今在縣東下莊村楊姓

陽邑村造像　一面依壁間向外餘三面皆有像有字石形極古字不甚工不詳年月今在縣北陽邑村北土地廟內

造像石幢頌　正書不詳年月今在縣北陽邑村里廟門外按幢凡三節下節有座石爲方形每面刻佛像二卒皆有字石上有石蓋一層蓋之上爲六面之石幢頌文即刻其上爲中節上亦有蓋上節一石全刻龍形

造像石幢　不詳年月今在縣北北任莊

龍泉寺四面造像　正書不詳年月今在縣東海會寺

高臺寺石幢　字已泐今在城內懷古里高廟

佛頂尊勝陀羅尼殘石幢　正書不詳年月今在靈泉寺按此幢下截已

斷凡六面每面五行兩面字極完好兩面已剝落餘兩面幾無字矣

佛經殘石　正書石存三行共十九字今在縣東下莊村楊姓

壽聖寺石幢　正書不詳年月今在縣北陽陵村壽聖寺大門內按此幢高凡數節望若浮圖形制極奇特惜無由知其爲何代物也以上十種並不詳年月惟字跡古雅絕非金源氏以後之物姑附於此以俟詳攷

元

重修太清觀記　正書狀元李俊民用章撰鄉貢進士楊鼎書巳酉二月今在城內太清觀文舊志載入藝文澤州府志山右石刻叢編並著錄按俊民元史有傳金亡不仕詩文紀年均用甲子此碑撰於巳酉則當古海迷失二年也碑載前縣令郭福邑志職官表不載宜據碑補入列

延陵珍之前又按鳳台縣志選舉表載郭福以元帥充陽城長官則郭福鳳台人也碑又載李法遵李洞雲楊敬之三世濟美而觀乃成敬之學之精識之明道之高自謂鐵中錚錚者復何過謙莊靖於敬之推崇至此則法遵洞雲爲人可想而知當時邑中黃冠尚有北臺孫仲遠爲趙禮部秉文所禮敬名動京師洞雲師徒正可方駕仲遠亦談邑中掌故者所宜知也楊鼎見邑志選舉表下注正大年與此碑年次相隔不遠然必別有所據

陽城縣岱宗觀記　正書鶴鳴老人李俊民撰鄉貢進士楊鼎書巳酉四月今在臺岱村文舊志載入藝文按碑載趙禮部贈孫仲遠詩今收潞水集内碑末列捕盜官賀宣商酒務官張光著又見重修太清觀記次

二官和儀次三官劉楫宣差馬馬赤等官均可補邑志之缺

岱宗觀記碑陰　正書上列施捨田畝人姓名畝數下列觀基四至

重修道紀堂碑　正書提舉澤州勸農事張賢輔撰後進士石麟書中統五年七月今在太清觀山右石刻叢編著錄按碑中載本縣商酒務監使張翊天翔與其弟仲賢天瑞共圖起廢而未敢自擅乃具其事資稟於父父亦樂爲之碑後又列都功德主商酒務官張光著燦然同長男翊次男仲賢是光著爲商酒務官而其二子輔助其父爲監使也又列提點本縣敎門事賜紫沖虛大師董知微助緣道士趙仲溫亦見岱宗觀記

忠昌軍節度使鄭皐墓碑　平陽儒學提舉袁希旼撰至元四年今在屯

城村文舊志載入藝文山西通志著錄
贈中書右丞追封潞國公鄭鼎墓碑　學士王磐撰至元年今在屯城村
山西通志著錄
澤國公鄭制宜墓碑　學士王構撰今在屯城村
湖廣行省鄭昂霄墓碑　碑凡二通一左司郎中許有壬撰一學士揭奚
斯撰至元三年今在縣東南二里川底許碑完好揭碑已仆碎按許文
載文集揭文文集不載
十方靈泉觀碑銘　正書前澤州提點教門夷然子王志道撰前澤州道
判官趙知微書前澤州道正官趙志雲篆額至元十八年五月今在王
村

甘谷感應泉記　正書趙廷式撰并書元貞元年九月今在屯城村皇姑溝內山崖上按邑志選舉表趙廷式延祐戊午進士此碑不書是尚未成進士也碑爲鄭制宜爲其太夫人蘇氏所立據碑制宜時赴衡陽行院之任可與袁桷所撰行狀互證袁文載自著清容居士集

加號之碑　正書大德十一年七月今在城內文廟南壁上

加號之碑後記　正書陽城縣儒學教諭河內繇勵撰並書延祐元年六月按碑末列典史衛甫教諭繇勵縣尉鄭世傑主簿阿老瓦丁縣尹馮孝謙達魯花赤木八剌沙等銜名俱見邑志職官表繇勵又官沁水縣教諭見沁水縣志

重修三神廟記　正書本縣鄉貢進士韓從律撰并書晉城縣鄉貢進士

趙希冉篆額至大元年三月今在蘇村按韓從律邑志選舉表不載宜據碑補入碑末列都維那丞直郎前邠州知州懷遠大將軍鎮守武昌路兼管諸軍奧魯勸農事鄭甫晉寧冀寧兩路管軍上萬戶鄭昂霄等銜名亦較邑志所列爲詳甫爲潞國公鄭鼎之弟昂霄則甫之子也

加贈推忠贊治功臣銀青榮祿大夫平章政事封澤國公謚忠宣鄭制宜勅書碑　正書上列蒙古文至大元年八月今在屯城村鄭國公祠前

下孔寨廟重修廣淵聖殿碑記　正書本社成庭瑞書至大四年五月今在下孔寨村里廟按庭瑞名又見白龍顯聖王瞻廟田記

加贈宣忠保節功臣金紫光祿大夫平章政事柱國追封潞國公謚忠肅鄭鼎勅書碑　正書上列蒙古文皇慶元年三月今在屯城村祠前

成湯廟碑　延祐四年今在縣南析城山山西通志著錄

重修成湯廟記　正書儒學教諭王演撰承事郎冀寧路介休縣尹兼管本縣諸軍奧魯勸農事韓廷傑篆額書丹延祐七年八月今在縣南南神廟按王演邑志有傳曾爲鄭參政昂霄門客勸鄭刊印三禮圖行世邑志稱其碑版文字古雅有體逸詩刻石翩翩有致足爲文士之秀今觀所撰各碑及安邑鹽池黑龍潭詩刻知邑志之言不虛韓廷傑臨漳人延祐四年任邑令後遷介休令碑中述達魯花赤木八剌沙主簿王琮典史賈楚彥碑末列縣尹牛雲鵬等並見邑志木八剌沙又見加號之碑後記

重修政廟湯廟記　正書至治元年八月今在下李邱村里廟

成湯東廟碑　正書監察御史口口口淮西江北道肅政廉訪司事宋翼撰進士本縣孫德昌書丹進士河内王時中篆額泰定二年今在城内東王廟花牆後山右石刻叢編著錄文舊志載入藝文按宋翼高平人官至僉太常禮儀院事元史有傳孫德昌泰定甲子進士碑中述進士趙廷式宣撫幕官王汝楫鄉儒衛元凱碑末列教諭孫士元典史王鏓縣尉劉禮主簿智公元縣尹路友讓達魯花赤朵烈海牙俱見邑志選舉職官兩表惟陰陽教諭吉善職官表不載此則非脫漏也元代尚有醫學教諭表亦不載並宜據碑補入路友讓誤作有讓當訂正

成湯東廟禁約石刻　正書後有蒙古文泰定二年今在城内東王廟大殿内

太清觀重修冢陽殿銘　正書武昌路通城縣儒學教諭里人王演撰晉寧路陽城縣醫學教諭徐珍書住持北臺迎仙大師提舉晉寧路澤州道教事孫居益篆額至順四年三月今在太清觀按王演已見重修成湯廟記醫學教諭邑志職官表不載碑末列敦武校尉左都威衛管軍百戶陳拜要女晉寧路陽城縣稅務大使衆家奴副使張從士表亦不載均宜補入教諭陳璋主簿黃德誠縣尉張答兒縣尹李彝達魯花赤哈剌不花前任木八剌沙萬戶鄭濤俱見邑志又碑載大德癸酉秋地震邑志災祥門失載宜據補

縣尉張公重修神門之記　正書後進士本關衛元凱撰孫德昌書丹郭楷篆額元統二年四月今在東關關帝廟按元凱元統癸酉進士邑志

有傳孫德昌已見放湯東廟記郭楷名又見淸風亭記趙繩祖興學記碑末列銜止鎭守武昌路平陽太原萬戶府萬戶鄭濤一人餘均値年社首而已張公名繼祖見邑志職官表元統元年任碑載公名繼祖字紹先家世晉之吉州名族由祖蔭補官據元秘書監志典簿題名亦有一張繼祖與此疑是一人志云張繼祖字紹先永平人至正元年正月初七日用祖兵部尙書張道隆以從仕郎上與此碑所載名字旣同由祖蔭補官亦相合且元統二年至至正元年才相隔八載年代又相及確爲一人無疑至吉州永平之異必有一誤或者偶用僑居地名亦宦遊者常有之事不然則絕無如是之巧合也

有元陽城縣歸正白龍顯聖王瞻廟田之記　正書鄉貢進士尹師彥撰

雲峯成庭瑞書丹太醫李仲明題額元統乙亥三月今在崦山按乙亥
爲至元元年此碑立於三月故仍題元統碑稱我皇元太祖肇開創之
運世祖四征不庭鋒旗所指罔有不賓然後搬一代之成規括民田以
均賦而祠田特不預田賦之數云云可與史相參證尹師彥名見邑志
選舉表及尹公墓碑陽城縣平訟記歸正白龍顯聖王贍廟田之記官
至中書禮部員外郎陽城縣男尹公之子也今尹家溝尹氏即師彥之
苗裔成庭瑞名見下孔寨廟重修廣淵聖殿碑記署款本社成庭瑞書
則庭瑞下孔寨人也此碑署曰雲峯者蓋孔寨舊有雲峯寺故也碑末
列典史李淵教諭王志學縣尉皮恭邑志失載當據補主簿禿别立縣
尹李彝達魯花赤哈剌不花均見邑志惟禿别立邑志作禿必歹當是

譯音之譌據碑文李彝字彥常勤於撫字宜補入邑志名宦傳

清風亭記　正書進士本關衛元凱撰孫德昌書丹郭楷篆額後至元三年今在東關關帝廟按亭爲主簿禿必歹所建縣志職官表主簿禿必歹任年正與碑合碑末云公蒙古人氏大父玉罕珠佩虎節長萬夫鎮遼東父脫脫結知仁主遠使朔漠敬迓武宗皇帝蒙恩賞尙吳王公主積官順德少尹按仁主即謂元仁宗元史武宗紀大德十一年仁宗誅阿岱奇哸等遣使迎帝而不言人名以碑證之可補其闕仁宗紀大德十一年三月丙辰帝率衛士入內召阿固岱等戊辰伏誅乃遣使迎武宗於北邊諸王表濟王圖列納大德十一年封皇統元年改封吳王脫脫所尙者吳王女也縣志以此脫脫爲即丞相脫脫者誤矣

元故侯君墓銘　正書徵君太常博士清澗老人侯均伯正撰鄉貢進士本里王從善書大成至聖文宣王五十四代孫孔思道篆額至元四年三月今在旃村按侯均字伯仁元史有傳據碑知其一字伯正號清澗老人可補元史之缺均本邑人有此碑及翼城屈繼平墓表夏縣司馬溫公祠堂記可證元史繫之奉元蓋僑居之邑也此碑稱吾祖父避難內鄉既而家關中奉元正屬關中即今之蒲城也司馬溫公祠堂記云張侯來宰是邑重新祠宇問記於濩澤侯均此碑又稱皇慶癸丑冬十二月予自京師至故鄉邑志選舉表亦列其名碑又稱先伯建甫進士及第翰林應奉邑志亦載之是均爲邑人確鑿無疑元史誤以僑居爲本貫也可據碑訂正其誤碑又載汝州山寨曰梳洗樓有衆數千無統

之者遂推建甫爲帥壬辰三月塔海紺卜等軍軍河南所謂梳洗樓者
亦失守又稱每歲春夏有濫迪罕者猶稱金主詔徵芻粟於澤潞自恃
勇力與其黨肆行暴虐民不堪命君赤手以往出其不意就其所佩之
劍斬其首以還餘衆莫敢動者凡此諸條均可與元史相參證有關攷
訂之文也碑陰列世系表今旃村侯氏皆其後嗣也王從善見邑志選
舉表

湯廟禱雨碑　正書儒貢晉寧路吏本縣衛元撰後至元四年九月今在
城内東王殿花牆後山右石刻叢編著錄按衛元邑志不載宜據補碑
爲稱頌主簿周克明所立蓋禱雨獲應人民感戴樹碑以表揚其德也
大約此歲亢旱至極幾於無年周以主簿微職扶病徒行往禱卒獲休

應故民感之深頌之衆立碑之多今尚存王演撰主簿周君禱雨碑記
陽城縣右廂成湯廟禱雨靈應頌忽欲里赤撰湯廟禱雨碑及此碑觀
演撰記所云監長以春秋高艱於徒行令尹以縣務重不可曠職此碑
云公主一邑之簿民之歡愛若此之深殊可嘉尚惟國家設官分職待
遇臣下其禮甚優欲其福乎民也食君之祿視民疾苦若越肥而秦瘠
顧念獨何心哉由此觀之其慢神虐民尸位營私者皆周君之罪人也
據此則當時所謂監長縣尹可知矣人民憤激之餘故極意頌揚周君
處處立碑正所以彰明監長縣尹之罪也克明字文舉保定淸苑人邑
志有傳碑末列典史王思讓名邑志不載宜據補
晉寧路陽城縣主簿周君禱雨碑記　正書行中書省除上雋學椽王演

撰下佛李繼祖書承事郎晉寧路陽城縣尹兼管本縣諸軍奧魯勸農事李遜篆額續至元四年今在劉村北蘆河旁按王演已見重修成湯廟記等碑李遜邑志職官表不載當據補列韓宗之後闞世傑之前蓋此碑立於續至元四年十二月初七日世傑於是年春三月涖任在邑凡三年見邑人衛元凱所撰縣尹闞公德政記是時李遜已罷官矣而碑仍題其銜名者是必卸任後未即遽去尚留滯縣中也如此方與職官表年分相合據衛撰闞公德政記於前任甚多微辭必李遜爲官不惜民瘼爲上峯所罷黜也彼爲縣令堂堂一邑之主而誠心往析城山祈禱者乃一區區佐治之主簿故民感周公之德樹碑周道至於再至於三此碑特署其銜名者正所以愧之也揆度情理想當如此故詳著

之如左

陽城縣右廂成湯廟禱雨靈應頌　正書王演撰續至元四年今在東王廟文舊志載入藝文按此碑亦記主簿周克明禱雨事可與前二碑相參證

析城山湯廟禱雨佳應記　正書進士儒林郎同知澤州事忽欲里赤撰續至元四年今在析城山按此與前三碑均記周克明禱雨事

有元陽城縣平訟之記　正書陽城縣儒學教諭周鼎撰鄉貢進士尹師彥書至元五年三月今在臺底村岱嶽觀内按此碑爲縣尹闞世傑平訟而立世傑字英甫平水人邑志有傳周鼎見邑志不詳年分碑末列典史扈淵縣尉閻顯祖主簿周克明達魯花赤苦思丁均見邑志惟扈

淵閣顯祖不詳年分並當據補

陽城縣尹關公德政碑　正書後至元六年文舊志載入藝文澤州府志

山西通志並著錄

重修通驛橋記　正書前河東鄉貢進士石昌言撰晉寧路陽城縣尹鄭

允德書行中書省除上黨文學掾陽城王演篆至正四年三月今在下

孔寨廟内按碑昌言字欽叔淳陽人官陽城教諭及書丹人縣尹鄭允

德均不見於邑志末列典史商宗古縣尉鄭善榮主簿李慤達魯花赤

暗魯邑志亦皆失載並當據補又列前任達魯花赤忽都帖木兒邑志

載之惟蒞任年分志注至正九年與碑不合當是志誤

創修五虎廟堂記　正書竊臣長橋鹽士衛孝忠撰至正五年今在崇上

村

重修開福寺記　正書峯山靈泉寺講經沙門□□撰本縣□□後進□□書丹至正九年今在城內開福寺按碑末列教諭顏濱前主簿禿必歹前縣尉張答兒典史王儀縣尉田克睦主簿李敬良縣尹胡裕前達魯花赤忽都帖木兒萬戶鄭濤均見邑志惟達魯花赤以搨本漫漶不可辨識邑志所載納麻失監年分又不合不能知爲何人也

趙繩祖興學記　正書燕南貢士李聰撰幷書進士副尉晉寧路陽城縣主簿申仁篆額至正十四年今在城內文廟按碑載主簿申仁教諭劉從道前教諭栗翔均見邑志碑末列耆宿王茂先又見太清觀重修寥陽殿記吳順曾官澤州學正又見重修湯王廟記郭楷又見清風亭記

重修神門之記荊良弼又見太淸觀重修寥陽殿記前晉寧路河津縣主簿吳時舉典史李文素縣尉曹賞達魯花赤納麻失監均見邑志惟申仁爲主簿乾隆乙亥舊志不誤同治甲戌舊志誤爲縣尹吳時舉乃前河津主簿乾隆舊志不載是也同治舊志誤列入本邑主簿並宜改正繩祖工篆書晉城天井關文廟大成殿碑額即繩祖所篆也見山右石刻叢編

重修宣聖廟記　正書李斯撰王榮書至正十六年今在城內文廟

陝西軍征行紀功殘碑　正書壬午進士史館編修高平宋紹昌撰辛卯進士陝省撿口陵川蘇有生書丁卯進士晉寧總口曲沃劉尙質篆額至正十八年今在靈泉寺碑已斷爲兩截上截之後方亦缺無由攷見

始末殊可惜也按宋紹昌爲宋翼之子見府志及山右石刻叢編歐陽玄所撰宋翼碑據宋翼碑知紹昌爲至元壬午進士與此碑合府志只云至元中進士可據碑補之蘇有生亦見府志只云至正中進士禮部尙書不言科分此可補其缺也劉尙質字仲殷曲沃人泰定丁卯進士官至內臺御史曲沃縣志有傳碑紀察罕帖木兒平定寇亂功德與元史本傳一一符合後列縣尹侯崇義主簿侯群均可補邑志之缺

重修湯王廟記　正書前澤州學正吳順撰進士孫公茂書丹進士李居敬篆額至正十九年今在縣南東冶村里廟按吳順孫公茂李居敬均不見於邑志當據補吳順又見趙繩祖興學記李居敬又見重修通濟橋記

靈泉寺詩碣　正書馬世德撰至正十九年舊在靈泉寺山西通志著錄

大元贈奉訓大夫通政院判官飛騎尉追封陽城縣男故尹公之墓碑　正書將仕佐郎大名路同知開州事里人吳懷德書至正二十五年九月今在尹家溝按尹公不知名諱邑志職官表誤爲縣令不知陽城縣男爲死後追封之銜非生時曾令本邑也當據碑訂正吳懷德見邑志碑末列儒林郎中書禮部員外郎季男尹師彥仲男尹師聖同孫尹宗大等名師彥已見歸正白龍顯聖王贍廟田之記及陽城縣平訟之記又見邑志選舉表

明

陽城創修廟學碑　正書宋訥撰王勵書張韶篆額洪武四年今在城內

文廟文舊志載入藝文府志著錄按宋訥字仲敏滑縣人元至正進士入明官至文淵閣大學士卒謚文恪著有西隱集十卷四庫提要著錄事跡具明史本傳王勵亦元末進士官沁水縣教諭邑志有傳張韶元至正中鄉貢進士見邑志選舉表碑載知縣李芾主簿方渭具見邑志名宦傳

陽城縣風雲雷雨壇記　正書趙民望撰洪武二年今在南壇

重修城隍廟碑記　正書宋訥撰洪武四年今在城內城隍廟

白龍神祠記　楊繼宗撰成化十一年今在崦山文舊志載入藝文

重修龍泉寺記　陳寬撰成化十五年今在海會寺文舊志載入藝文按陳寬字裕夫直隸新河進士成化十五年知縣事見邑志名宦傳

棲龍池禱雨感應碑　成化二十一年今在棲龍潭府志著錄
邑令劉嵩棲龍潭禱雨記　成化二十一年今在棲龍潭府志著錄
新建學校碑　正德六年今在城内文廟
李瀚同陽城王令士廉遊海會寺詩刻　嘉靖三年四月今在海會寺府志著錄按李瀚字叔淵沁水人成化辛丑進士官至南京戸部尙書見沁水縣志詩載入舊志藝文
郡守王朝雍詩碑　正書嘉靖七年五月今在海會寺府志著錄
沁水石樓李瀚詩刻　嘉靖九年三月今在海會寺府志著錄
潼谷王三省詩碑　詩正書跋行書嘉靖十九年四月今在海會寺府志著錄

陽城義士大量王海表閭碑　正書馬理撰嘉靖二十一年今在陽城東關接官廳旁文舊志載入藝文按大量名海邑上佛里人邑志有傳馬理字伯循陝西三原人正德甲戌進士官至南京光祿寺卿事具明史儒林傳著有谿田文集十一卷時邑令韋文英亦陝右人與理最善凡有興建多請理撰文故邑中碑版頗多馬氏手筆

陽城科貢題名記　草書馬理撰嘉靖二十四年今在文廟文舊志載入藝文府志著錄

科甲歲貢碑　正書計題名三十二行今在文廟

陽城令箴　隸書馬理撰嘉靖中今在縣署壁上府志古蹟門著錄

王承祖墓志　正書文徵明撰並書嘉靖二十六年十二月今在縣東上

莊村王姓祠堂壁上按承祖爲吏部尙書國光之父見邑志選舉表

詩刻　草書名剝落不可辨嘉靖二十八年今在文廟明倫堂東房內北壁間

順陽少莊李蓘詩碑　行書兩面刻嘉靖四十四年今在文廟府志古蹟金石兩門並著錄詩舊志採入藝文按蓘字子由內鄉進士以檢討謫本邑縣丞事具邑志名宦傳朱竹垞明詩綜採其遺什

可樂山人王國光詩碑　嘉靖四十五年府志著錄按國光字汝觀號疏庵嘉靖甲辰進士官至吏部尙書明史有傳

劉涇詩刻　正書嘉靖中今在城內儒學巷關帝廟門外壁上按此詩題陽城悼貞齋先生又別其公子光宇貞齋爲郭昊之字昊中嘉靖乙酉

舉人官山東淄川令左遷懷慶府教授邑志有傳劉涇懷慶人貞齋之弟子也此爲涇道經陽城追悼貞齋之作故詩中有向作淄川牧旋司懷郡成之句

龍泉寺重修寶塔佛殿記　正書王國光撰並書隆慶二年九月今在海會寺府志著錄

楊博詩刻　正書隆慶四年正月今在城內仰山書院

王國光贈心昂上人詩碑　行書隆慶四年二月今在海會寺府志著錄

關中張元善遊海會寺詩碑　草書隆慶五年今在海會寺府志著錄

陽城修學記　正書王國光撰李豸書張昇篆額隆慶六年三月文舊志載入藝文今在城內文廟府志著錄按李豸字西谷嘉靖辛丑進士官

至山東左布政使張昇字伯東嘉靖庚戌進士官至河南布政司左參
政邑志均有傳國光已見前

關中李正詩碑　隆慶六年府志著録

新築磚城碑　王國光撰萬歷五年文舊志載入藝文府志著録

新甃陽城縣磚城碑記　于達眞撰文舊志載入藝文府志著録

濟南于達眞詩碑　萬歷五年府志著録

環洲李蘊甫海會寺詩刻　草書萬歷五年六月今在海會寺府志著録

重修白巷館廟碑記　正書李豸撰並書萬歷六年二月今在縣東中莊
村里廟

重修靈泉觀記　正書李豸撰楊樞書李可久篆額萬歷六年九月今在

王村按樞字愼齋嘉靖己未進士官至河南按察使可久字易齋豸子嘉靖壬戌進士官至四川僉事邑志並有傳

于達眞詩刻　正書萬歷七年二月今在文廟

陽城縣甃磚城記　正書王讜撰並書萬歷七年今在城內文廟按讜字介石萬歷初附貢生官代王府教授邑志有傳

萬歷上傳記　行書張愼言撰萬歷八年七月今在城西西池上按愼言字金銘號藐山萬歷庚戌進士官至南京吏部尙書明史有傳

幽居告落詩刻　行書張愼言撰並書萬歷八年八月今在西池上

王國光臨澗寺詩碑　萬歷八年府志著錄

王國光遊仙人洞記並詩　萬歷八年府志著錄

王國光遊海會院詩碑　行書萬歷九年五月今在海會寺府志著錄

王國光崦山白龍廟詩碑　今在縣北崦山府志著錄

王國光過白巖寺詩碑　今在縣北龍巖寺府志著錄

王國光遊靈泉詩碑　萬歷年詩舊志載入藝文府志著錄

王國光靈泉觀詩碑　今在縣東王村靈泉觀

陽城縣新築青雲館碑　正書王讜撰萬歷九年五月今在文廟

重修陽城縣學記　正書王國光撰趙爾守書王象蒙篆額萬歷十一年今在城內文廟按爾守陝西盩厔人萬歷元年任本邑教諭見邑志職官表王象蒙山東新城人萬歷十年任本縣令見邑志名宦傳

關中趙爾守詩碑　行書萬歷十一年今在城內文廟府志著錄

陽城縣尹王公禱雨碑　行書萬歷十三年今在城內文廟府志著錄

趙爾守海會寺詩刻　萬歷二十二年三月今在海會寺

重修靈泉寺碑　白所知撰萬歷二十三年今在靈泉寺文舊志載入藝文府志著錄按所知字廷謨號省庵萬歷癸未進士官至太子太保工部尚書邑志有傳

海會寺常住創修齋堂記　萬歷二十四年九月今在海會寺

瀋王衡漳居士龍泉寺詩碑　萬歷二十八年詩舊志載入藝文府志著錄按衡漳居士名珵堦瀋簡王第六子沁水王佶熅之七世孫隆慶元年嗣爵工詩多布衣交著衡漳槀滄海披沙集見明史及澤州府志

重修先禖祠記　隸書張性撰並書萬歷三十三年二月今在史山村

張銓詩刻　正書萬曆三十五年十一月今在仰山書院按銓字宇衡沁水人萬曆甲辰進士以御史巡按遼東殉難謚忠烈明史有傳本爲邑之匠村人元末遷居沁水之竇莊遂著籍焉見陳廷敬撰張封公傳

邑侯王公崦山禱雨詩刻　前草書後正書萬曆三十六年今在城内文廟明倫堂西廂房壁間按王公爲王雅量字襟海山東費縣進士萬曆三十三年知縣事邑志有傳

張愼言種松詩刻　隸書萬曆四十四年十二月今在縣東北屯城村

靈泉禪院創建水陸殿記　正書楊時化撰萬曆四十六年二月今在靈泉寺按時化字季雨號蘋閣萬曆己未進士官至刑科左給事中著有蘋閣文抄等書邑志有傳

重修儒學記　白所知撰萬歷四十六年今在文廟

宛邱徐貞夜宿龍泉寺詩碑　萬歷庚申府志著錄按貞爲河南陳州進士萬歷四十七年知縣事見邑志職官表庚申爲萬歷四十八年即光宗泰昌元年也

修路碑記　行書李養蒙書泰昌元年十一月今在縣東西封村按養蒙字育吾萬歷辛丑進士官至湖廣按察司副使邑志有傳

白巷里南神廟修五虎殿碑　正書王國光撰李豸書今在縣東下莊村南神廟

南皮李騰鵬海會寺登塔詩刻　府志著錄按長子縣褫亭鎭有騰鵬弔古詩作於萬歷十八年此詩或亦當在十七八年之間也

西極文翔鳳龍泉行碑　天啓元年六月今在海會寺府志著錄詩舊志載入藝文誤題董其昌

邑令俞時九女臺詩碑　天啓二年府志著錄按俞時邑志職官表不載或係署任爲時不久故偶爾脫漏也

白巷閭里協濟鹽販以免鹽行序　正書李春茂撰王徵俊書崇禎三年三月今在縣東中莊村里廟按春茂字震陽萬歷甲辰進士官至順天府尹加都察院右都御史邑志有傳徵俊字夢卜天啓乙丑進士官至河南布政司右參政見明史忠義傳

張愼言同閣記　行書崇禎七年二月今在縣東北屯城村里廟文舊志載入藝文

重修陽城縣城隍廟記　張慎言撰今在城內城隍廟文舊志載入藝文
府志著錄
邑侯李棟祠堂碑　王國光撰文舊志載入藝文府志著錄按棟字尙隆
河南涉縣進士隆慶五年知縣事見邑志名宦傳
潤城李侯棟生祠碑　張昇撰今在潤城鎭文舊志載入藝文府志著錄
邑令楊縉德政碑　忻州高濬撰府志著錄按縉字薦甫山東壽張進士
嘉靖十一年知縣事見邑志名宦傳
邑令王雅量德政碑　白所知撰文舊志載入藝文府志著錄
王雅量詩刻　正書今在潤城鎭詩舊志載入雜志
邑令劉應奇生祠碑　白所知撰文舊志載入藝文府志著錄按應奇字

澹如河南中牟進士萬歷二十七年知縣事見邑志名宦傳

白所知四言詩刻　行書今在龍巖寺

邑令安仲生祠記　白所知撰文舊志載入藝文府志著錄按仲字葵明山東淄川進士萬歷四十二年知縣事見邑志名宦傳

邑令王良臣去思碑　李春茂撰文舊志載入藝文府志著錄按良臣字敬吾河南新鄭進士萬歷三十八年知縣事見邑志名宦傳

鄢陵陳棐詩碑　府志著錄

唐先清道人扇面詩碑　府志著錄

西神庵香林偈碑　府志著錄

姚誠立詩碑　今在仰山書院府志著錄

許國華遊上方園詩碑　今在海會寺

縣東十二里中南山蘆花頂五花宮圖記碑　府志著錄

董其昌書詩石刻　行書今在西關西池上

王穉登書詩石刻　行書今在西池上

文徵明書詩石刻　行書今在西池上

文徵明行書石刻　今在縣東中莊村李姓

王鐸行書石刻　今在縣東北屯城村張姓按鐸書共有兩石

石少參鳳臺里人頌德碑　白胤昌撰文舊志載入藝文府志著錄按鳳臺字六象號翥雲天啓乙丑進士官至陝西按察司副使胤昌字季文號長洲泰昌元年恩貢邑志均有傳

楊鵬翼詩刻　正書王薦彰書不著年月今在縣東段莊按鵬翼字子羽崇禎庚辰進士官至浙江會稽知縣著圃亭詩集邑志有傳

淸

白胤謙過龍泉寺舊讀書處詩碑　正書順治十三年閏五月今在海會寺文舊志載入藝文府志著錄按胤謙字子益號東谷崇禎癸未進士入淸官至刑部尙書邑志有傳

邑令鄴下李繼白龍泉寺詩碑　草書順治十五年今在海會寺府志著錄按繼白字夢沙河南臨漳進士順治十四年知縣事見邑志名宦傳

陽城縣除荒救民碑　李繼白撰文舊志載入藝文府志著錄

陽城縣重修儒學孔廟記　正書喬映伍撰白象顥書順治十五年今在

城內文廟按映伍字白山一字星文順治丙戌進士官至左春坊右贊善象顯字流仲順治丙戌舉人官陝西崇信知縣邑志均有傳

陽城縣邑侯李公禱雨隨應記　正書順治十五年今在文廟明倫堂東廂房壁間文凡三節一初禱次再禱次謝雨按李公即李繼白已見前

析城山新廟記碑　白胤謙撰順治十五年今在析城山文舊志載入藝文府志著錄

重修陽城縣學記　正書白胤謙撰順治十六年今在文廟文舊志載入藝文府志著錄

潤城夫子廟碑　正書白胤謙撰楊榮胤書順治十六年十月今在潤城鎮文廟按榮胤字半嵋順治丙戌進士官至慶陽府知府著半嵋詩草

邑志有傳

城西土地祠杭昌潘元鼎古檜歌碑　行書今在土地祠正壁上府志著錄按元鼎浙江昌化貢生康熙元年知縣事見邑志職官表

白胤謙開福寺碑　康熙八年府志著錄

白胤謙鐵盆嶂詩刻　府志著錄

重修三靈侯合祠碑　白胤謙撰今在西關五瘟廟文舊志載入藝文府志著錄

開福寺白胤謙詩刻　草書成端人書今在開福寺後院地藏王殿壁上按端人字友端崇禎間附貢著有四書五經字學攷幷州雜詠青蓮館詩等書工書法曾應陝撫賈膠侯漢復之招補書開成石經事見邑志

雜志門

白方熙象顯鐵盆嶂詩碑　府志著錄按方熙字仲穆廕生官開封同知

著有止齋詩

白巷里免城役記　陳廷敬撰康熙十九年四月今在文廟文舊志載入

藝文

陳廷敬行書詩刻　今在西池上前後兩面刻

陳廷敬棲龍潭詩刻　府志著錄

重修明倫堂記　正書陳廷敬撰石祿書康熙二十一年今在文廟按祿

字子受鳳臺子康熙初附貢官繁峙訓導見邑志選舉表

關西楊素蘊詩碑　康熙二十一年今在海會寺府志著錄按素蘊字筠

湑陝西宜君人順治壬辰進士康熙二十一年任山西學政見漢名臣
傳

重修福緣寺碑記　正書田六善撰康熙二十五年今在福緣寺按六善
字兼三號蒙山順治丙戌進士官至戶部左侍郎著鷃棲集拾瑤錄幔
坡詩鈔等書見漢名臣傳

增修高禖神廟記　草書田六善撰並書康熙二十五年今在百子廟

重修至聖殿記　草書田六善撰並書康熙二十八年今在文廟文舊志
載入藝文府志著錄

重修田氏祖祠記　草書田六善撰並書康熙二十八年今在城東田氏
祖祠內

陳昌期誥勅碑　正書康熙三十一年九月今在城東郭峪村按昌期字大來號魚山麋膳生文貞相國父見一統志

陳昌期神道碑銘　正書熊賜履撰康熙三十二年十一月今在城東郭峪村按賜履字敬修湖北孝感人順治戊戌進士官至武英殿大學士謚文端著經義齋集等書見漢名臣傳

囘岸上人傳石刻　正書田六善撰康熙中今在縣東清涼龕後附白胤謙贈回岸上人詩

羅人琮詩刻　草書康熙三十六年三月今在海會寺

羅天緯詩刻　正書今在海會寺

五帝廟增建廊廡記　正書田從典撰陳豫朋書康熙五十年二月今在

縣東下莊村五帝廟按從典字克五號嶢山康熙戊辰進士官至文華殿大學士著有嶢山集見漢名臣傳豫朋字濂村一字堯凱廷敬次子康熙甲戌進士官至福建鹽驛道著有六友齋詩文稿濂村經解等書邑志有傳此記嶢山集失載據碑可補其闕也

陽城三鄉賢崇祀記　正書陳廷敬撰王澍書康熙六十一年三月今在城內文廟文舊志載入藝文

龍巖寺住持天眞碧山合傳　草書衛貞撰並書今在龍巖寺府志著錄

龍巖寺韋馱佛像募緣石刻　行書衛貞書今在龍巖寺

龍巖寺喬映伍詩刻　行書今在龍巖寺

康熙御書午亭山村及對聯石刻　今在縣東郭峪村陳姓

康熙御書賜浙江巡撫張泰交石刻十數種　今在縣東北屯城村張姓

陽城縣儒學科貢題名記　正書吳紹祚撰孫覺書雍正八年今在文廟

明倫堂按紹祚江蘇江寧貢生雍正四年知縣事見邑志職官表

勵宗萬登靈泉寺山次韻　行書雍正八年今在靈泉寺

靈泉寺募緣引　行書田六善撰並書雍正十年今在靈泉寺

靈泉寺佛經二石刻　行書今在靈泉寺塔坡

胡天游詩刻　正書田懋書乾隆二十年今在開福寺按懋字德符號退

齋蔭生官至吏部左待郎見漢名臣傳

老梧記石刻　正書石鴻翥撰乾隆三十八年今在仰山書院按鴻翥字

湘圃湖南湘潭人其同邑人宋賓門本敬知縣事延聘鴻翥主講仰山

書院後鴻煮補官去其弟鵬煮鸝煮相繼來主講席一時人才稱盛見
邑志名宦傳宋本敬傳
梧陰圖記石刻　正書石鸝煮撰並書乾隆四十二年今在仰山書院
修文廟記　正書王繼曾書乾隆四十二年今在文廟按繼曾嘉慶元年
恩貢見邑志選舉表
桂馥書金農詩刻　乾隆五十九年今在縣東郭峪村陳姓金詩有小序
桂書有後記序詩並隸書記行書兩面刻石用淄川所產墨花石按金
曾久客陽城主文貞相國家桂與邑人陳明軒秉灼相友善秉灼爲相
國四世孫官山東河工閘官與桂未谷陸古愚營潭西精舍著有潭西
精舍紀年桂則足跡未至陽城蓋刻成後秉灼所携歸也其源流如此

陳文貞公家書　行書今在郭峪村陳姓共十八行刻於上列下列刻吳人驥及秉灼兩跋均刻於桂書金詩之反面

徐昆學規八條石刻　正書乾隆年今在城內儒學按昆字后山號柳崖臨汾舉人乾隆四十一年官本邑教諭著有柳崖外編等書見邑志名宦傳

補刊午亭文緣起碑　正書乾隆年今在城內儒學

劉堃墓誌　隸書張晉撰張薦粢書張葆采篆蓋嘉慶二十二年今在縣東潤城鎭劉姓按堃著有飲綠山房詩鈔輿圖便覽等書志文未載後以子溥貴追贈安慶府知府又在撰誌文之後不及敘也晉字雋三諸生著有豔雪堂詩集邑志有傳薦粢字子潔號小餘敦仁子嘉慶丙子

舉人官山東海豐等縣知縣葆采字子實一字仲實又字實父號筠生又號敬梅庵主薦楶弟嘉慶己卯舉人歷官甘肅伏羌福建平和知縣著有六經摘要

陽城縣重修廟學記　正書徐璈撰宋穀書道光二十年今在城內文廟

文舊志載入藝文按璈字六裏號樗亭安徽桐城進士道光十五年知縣事著有詩廣詁等書見邑志名宦傳方東樹爲撰墓誌載儀衛堂文集

陽城七賢贊石刻　正書徐璈撰今在城內文廟

龍泉寺徐璈詩刻　行書今在海會寺

玄武閣徐璈詩刻　行書道光二十年今在東關玄武閣

鑄鐘銘　陽文隸書徐璈撰道光二十年今在城內文廟文舊志載入藝文

邑侯皖桐徐公重修廟學碑　正書宋裕撰王遹昭書道光二十四年今在城內文廟按裕字恬庵嘉慶甲子舉人官臨汾教諭遹昭字介明道光丙申進士由翰林檢討掌山東道監察御史邑志均有傳

張域海會別院種松銘　草書道光二十五年今在海會寺按域字子正一字式方號梅庵道光乙酉科舉人歷官榆次教諭長子訓導著有香雪庵詩鈔邑志有傳

呂瑞玉詩刻　草書道光二十七年今在仰山書院

玄武閣鄧琛詩刻　行書咸豐十年今在東關關帝廟後院玄武閣壁上

按琛字獻之湖北黃岡舉人咸豐九年署縣事著有荻訓堂詩鈔邑志無傳僅職官表有其題名耳

後池鄧琛詩刻　行書咸豐十年今在後溝白氏園

張域詩刻　草書咸豐年今在城内龍門巷王姓

白雲隘創建石堡記　林纁撰同治六年今在白雲隘文舊志載入藝文

按纁福建閩縣進士同治六年署縣事見邑志職官表

樊南七逸老人詩刻　正書同治七年二月今在海會寺按七逸爲墨逸王萃元閒逸楊慶雲書逸延常礀逸李煥章柳逸曹承惠樵逸張貽穀文逸韓紀元又附入蓮逸僧本立凡八人有倡和集並各有專集事見蘋花詩社同唫集小傳

陽城縣創修濩澤試院記　正書賴昌期撰馬西極書同治十一年今在縣立中學校按昌期字際雲湖南善化人同治七年知縣事同治甲戌舊志即昌期所重修者也西極同治元年附貢見邑志選舉表

典史鄭公傳　正書趙炳麟撰楊念先書光緒二十七年今在鄭公祠

重修西池記　正書楊念先撰宣統三年今在西池上按西池即今公園原委已見記文宣統三年山左李公駿棻來治吾陽以名蹟不可湮毀遂以官款買為邑中公園時予視學本邑公命董理其事予乃徵集境中所有名刻嵌置壁間復鉤勒邑先輩楹聯匾額多幅分懸各亭堂適先大人主講邑中公即請為文記之並囑予書丹上石末後結銜止書先大人不敢與尊長並列也今草金石記成附記于此亦使邑中人士

得知諸刻之所由來耳

伯兄沚生先生講求金石前後凡四十餘年考訂收藏已達數千百種里居之暇曾蒐集邑中碑版撰泐成書更約田君玉汝詳加參訂名曰陽城金石記起東魏以迄清末得二百六十六種以限於篇幅僅列其目未暇備錄全文也且以地位河朔僻處太行析城間故多金元二代石刻惜前人未事輯述致海內金石家少所著錄耳當付印之時適值晉有兵事戎馬所經城邑爲墟勝蹟名刻之毀於兵燹者又不知凡幾吾人丁茲亂離之秋益信徵考文獻之責尤爲不可須臾稍緩者也丙子閏三月楊蘭第校訖謹識

陽城金石記終

往予年十六七讀書鄉校時楊丈泚生適視學本邑丈故嗜金石所至留心古刻恆以氈椎自隨予數數目睹心竊好之亦戲與二三同學仿效爲之顧爾時年方幼只知爲臨摹作字之用懵然不知作字之外尙有何說也猶憶與同學椎搨大清觀金碑歸校稍遲塾師白禹臣先生詰問同以實對先生即時牌示有搨碑雖名研究金石實屬荒廢正學應各記過一次以示儆戒等語自是同學雖畏而少止予則仍偷閒爲之不三四月搨片竟盈尺許一日家大人見之告曰此所謂金石之學也汝年方少宜多致力經史未暇及此事也予時雖唯唯聽命中實未能恝然也比予年稍長隨伯兄蘭畹先生負笈幷垣遊晉城夫子之門始稍窺問學門徑既讀朱王錢畢諸家書方知金石有關攷證裨益於史學甚大于是好之益篤

嗣是每年所得合知好投贈竟不下千餘種終以不善作書僅抄存原文備攷證拓片恆脫手以贈人嘗欲彙集晉中碑版勒爲巨著以補莫宋楊胡諸家之闕而連年舌耕餬口竟無機緣得似竹垞老人匹馬遍歷并汾爲憾庚申之夏省親返里邑令曾侯劭先方重纂縣乘予亦濫厠其中分任經籍而以金石一門函請沚丈任之丈時主講并門農校旋予亦假滿還省每謁丈講舍輒見丈披閱考索裝本拓片盈几案正從事撰輯也然猶以不能遍訪爲憾甲子季冬予復歸省憶及沚丈之言乃攜家弟九錫四出搜訪予體素肥不良於行九錫故善走日行百里爲常事而此行殊不然予行九十餘里足力猶健九錫則不六十里已呈倦容也後以此事語湖州王錫九頤錫九掀髯笑曰此所謂知之者不如好之者好之者不

如樂之者是也君自樂此不疲耳因相與大笑今年仲夏沚丈校勘其先
德少梧先生遺著完竣予與丈弟沚香芙生共慫恿刊印此編丈謙讓未
遑也予以開通風氣姑作引喤爲言丈始屬予叅訂並益以予累年所得
迻寫成册待梓今殺青將竟矣丈謂子不可以無言也乃勉附一言於簡
末予蹉跎歲月百用無成睹丈連年成績如此偉大而又出之以高年始
知賢者固不可測也哉丙子閏三月二十二日田九德玉汝識於太原

余家遠自高曾代以能書著稱所讀經史率皆手自繕錄以故家道雖不中貲而收藏碑版頗富余稟承庭訓自幼即酷嗜金石足跡所至恆以氈椎自隨每遇名刻必搨置匣中而後快中歲薄遊魯豫所得益多合知好投贈及物力所得益以先世舊藏達數千種曾草草粗撰一目曰嘯月軒藏碑記置之行囊隨得隨增已裒然成帙矣然於鄉邦貞石除一二名刻見諸著錄者收之餘尚未暇細訪也歲在己未丁艱里居教讀於劉村第三高校課畢餘暇輒率同人及學生散步訪碑以爲樂久之全校師生盡被余所薰陶亦皆樂於尋訪且一一解椎搨之法同志既多知見益廣於是一二年之中竟得元以上古刻至百餘通庚申夏曾侯勷先來爲邑宰倡議重修縣志時余適主并門農校講席邑中同人紛紛寓書於余命纂

金石一門既匆匆粗錄一通付之數年以來久已不復省視今夏校刊先君手纂駢散兩體鄉土志完竣三弟蘭沼四弟蘭第屢請以是册付印余未之許也而通家子田君玉汝亦以文獻攸關不妨姑作引喤爲言余然其說乃重理舊稿合玉汝前後所得互相參訂彙爲一編明清兩代亦擇要附錄寫定如右余行年七十百用無成惟兢兢守先人舊業未敢少墜今刊此編或者鄉邦人士將有聞風興起者乎拭目以望之矣

中華民國二十五年五月十日楊蘭階識於山西大學教育學院

沁水賈氏塋廟石刻文稿

沁水賈氏塋廟石刻文藳

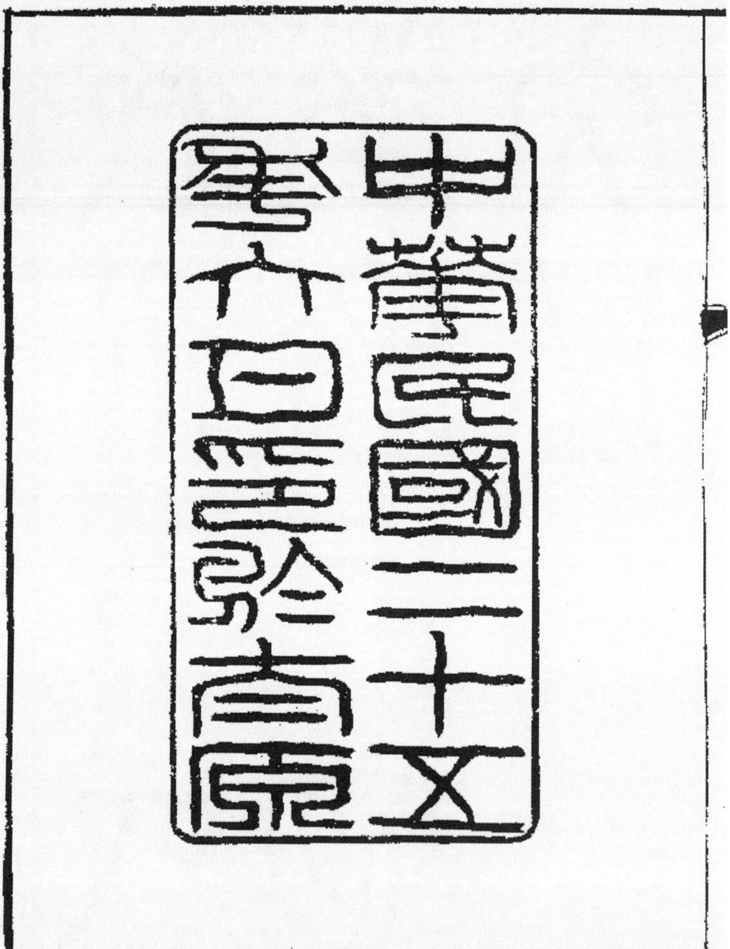
中
華
民
國
二
十
五
年六月

沁水賈氏塋廟石刻文稿序

余自通籍後一行作吏案牘勞形無暇旁涉文史逮長幕府歷官各省日與官文書爲緣視少年所習古文辭如隔世語流光如矢忽忽三十餘稔矣中華民國二十五年既卜吉爲　先塋樹立墓表以文字多不敢重煩友好又以序次　先人行義不如自爲文之較爲親切也遂不自揣量操筆書之乃值晉西軍興簿書堆案促促無須臾之閒往往三五行未就輒有送稿判行者數四來擾既不暇刻意纂組而官文書又時時縈繞心目中其造句遣辭寧望

能入古耶稿成持示晉城郭允叔請予改削允叔則大獎許之以爲此道非吾兩人莫屬也再四請乃間爲點竄蓋無不愜心貴當者余與允叔少同鄉長同學又同負一時之名然允叔三十年來手未釋卷學無不通海涵地負著作等身其爲文貫穿經史百家識力遠在前賢以上余固瞠乎其後望塵莫及也昔曾湘鄉有言李少荃拌命作官俞蔭甫拌命著書余政績不敢望合肥毫末而允叔之致力經史則視曲園無愧色古文辭或且過之自審平生執筆大都係代人立言當其時或有小效過時則塵羹矣以

視允叔自抒所見磅礴鬱積而出之爲千古不朽之業其相去寧可以道里計哉往嘗爲詩每一篇成輒承允叔贊美今茲爲文乃復如是余深以允叔爲阿其所好而不敢自信也謹付排印更就正於海內知交之能文章者允叔之批辭則概從省略覽吾文者其亦知賈氏先人之立身行義各有本末余小子兢兢焉惟恐弗克負荷是懼謂之爲顯親揚名則又非所敢承矣中華民國二十五年五月五日沁水賈景德自序

沁水賈氏塋廟石刻文稿目錄

清貤贈朝議大夫高祖王父廷彥賈府君墓表
清貤贈朝議大夫曾祖王父君山賈府君墓表
清縣學附生從曾祖祖父靜齋賈府君墓表
從曾祖祖父步青賈府君墓表
清貤贈奉政大夫從曾祖祖父瑤華賈府君墓表
清敕授承德郎貤贈朝議大夫本生曾祖王父琅華賈府君暨曾祖王母霍太夫人墓表
清誥封奉政大夫晉贈資政大夫王父寅清賈府君墓

表

誥封奉政大夫候選訓導先考寅清府君行狀

清賜進士出身誥授奉政大夫晉贈資政大夫皇考壽

林賈府君墓表

清誥封宜人晉封太夫人先妣趙太夫人墓表

清敕授登仕郎仲父藍畦賈府君墓表

叔父文叔賈府君墓表

清敕授修職郎先叔舜臣賈公墓表

祁太榷運分局局長先叔問素賈公墓表

清敕授修職郎先兄伯淵賈公墓表
元配張夫人墓表
季弟季滋墓表
妹萱墓碣
妹定墓碣
亡弟厚德墓碣
印斗坪先塋記
創建賈氏家廟記
附 述哀五首 [illegible]

沁水賈氏塋廟石刻文稿

清貤贈朝議大夫高祖王父廷彦賈府君墓表

清嘉慶以前淮北鹽商富侈甲天下嗣以口岸滯銷攤款奇重國病而商亦困後十餘年安化陶文毅公改行票鹽制舊商遂一蹶不振乾嘉之間我　高祖王父廷彦府君以世營鹽業居金陵稱大賈後值業務疲滯始遷安徽懷遠屬之岱山鋪置田產頗營他業再遷河南睢州營業蓋日就衰落矣道光六年十月十八日卒於沁水里第春秋七十卜葬於楮山後之鍾甲坪從形家言丁山癸向　府

君諱殿卿號省菴國學生廷彥其字也初娶我　高祖王
母竇太恭人再娶　趙太恭人　竇太恭人生　君山府
君　靜齋府君　步青府君　曾祖王姑二適霍適王
趙太恭人生　瑤華府君　琅華府君　竇太恭人以嘉
慶十年八月十六日卒春秋五十有二　趙太恭人以道
光八年三月二十六日卒春秋六十有三均祔焉嗚呼自
府君棄養後我　王父寅清府君生十一歲而孤家境
由亨而困中間迭經家難而我　本生曾祖王父琅華府
君又中年客死異鄉歸櫬萬里　曾祖王母霍太夫人鞠

育孤兒含辛茹苦者有年先世行義事略多已失於傳聞
不肖幼時趨庭承訓好問先世遺事而所聞者乃僅僅如
是其可傳之事足爲後世子孫矜式而杳然不可得識者
固不知其凡幾也是可傷也元孫景德表

清貤贈朝議大夫曾祖王父君山賈府君墓表

我 本生曾祖王父琅華府君兄弟五人 府君年最幼
生我 王父寅清府君一人其四兄者皆無子我 王父
兼祧五房生我 皇考壽林府君兄弟七人命以次繼五
房後故我 君山府君卽爲不肖之 曾祖王父 曾祖

王父府君諱聯彪字君山國學生生平事蹟無所傳以嘉慶二十三年十一月二十四日卒於里第春秋四十有三葬李家山之東嶺以　曾祖王母王太恭人祔　王太恭人無出卒於嘉慶七年二月十六日春秋二十有七不肖幼時每歲清明　王父府君率家人祭埽畢必集不肖輩指墓塚而詔之曰嘉慶二十三年十一月間吾家前後兩宅死亡相繼我　皇考君山府君及　皇考步青府君同於是月二十四日棄養一日猝遭兩喪家人莫不悲恐萬狀而陰陽家者流遂指爲是動宅西北方之煞也倉卒營

葬於此而以紅沙石爲墓門者爲　君山府君塚囑後世之立石者以是爲識汝曹其謹記之嚴訓諄諄迄猶在耳忽忽已四十餘稔矣　先人持歐公有待之說不肯輕於勒石表墓而不肖年近六十碌碌無所建樹不克顯揚先人於世文筆又蕪陋　府君之嘉言懿行既不可得而知其可知者復不能曲折以道國難日深四方多故事變之來有不可必者輒不自揣量拉雜爲文表於斯阡用示後嗣時正用兵晉西軍書旁午也曾孫景德表

淸縣學附生從曾祖祖父靜齋賈府君墓表

士或有負俗之累而可以立功名循謹守分者反不足以共大事蓋其所賦者有厚薄故成就亦有不同也有清嘉道以前國家取士出於科舉一途以保舉貲郎起家者蓋尠奇才異能之士往往不矜細行爲衆人所詬病而其才氣横溢又往往困於帖括不克中有司繩尺坐是廢棄以至於老死牖下者比比也我　從曾祖祖父静齋府君諱聯第字超然志行豪邁跅弛不羈配　竇太夫人爲竇莊西地敬理公之女當是時兩姓皆殷富　太夫人之母尤偉異其婿　府君每至外家輒弛解囊篋資其豪賭摴蒱

一擲百金立盡再予輒再罄衆人竊竊非議　府君聞之則大恚曰大丈夫寧能以小節相繩耶遂亡去不知所之亙數年無音訊逮我　從曾祖祖父瑤華府君應學政試錄報至謂同榜獲秀才者爲兄弟兩人坐索倍賞家人羣驚訝之比閱題名始知其一人者卽　府君亦應試獲售也初　府君之出亡也依族叔　柳南公於濟南折節讀書猛勇精進逾常人時　柳南公之子姪某亦先後亡之定遠縣依我　高祖王父廷彥府君於岱山鏞者數年兩處渺不相知而所以教養其同族子姪者則一於此見賈

氏先人待宗黨之厚也吾家舊宅百數十間連楹接棟經明季流寇之亂燬於兵燹者十之八九　府君旣鄉舉不第退而拾瓦礫闢草萊拓地爲廣厦萬間計其叱咤風雲之氣後人至今尙傳道弗衰予小子營建新宅得以盡量布畫者　府君之遺規有可按也夫科舉之制可以取中才而不足以勵豪傑以　府君雄奇之姿稍稍收斂卽拾一衿如草芥倘使棄書學萬人敵其發名成業固當不可限量而竟屈居鄉里泥水自蔽不克一展其長才雖制科之縛人要亦時會適然然聞其言行丰采亦可想像其爲

人已以道光十三年二月初三日卒春秋五十有四　竇
太夫人以道光二十四年十一月二十七日卒春秋六十
有五均禮葬於棲山後之鍾甲坪　竇太夫人生我　從
祖姑二適韓適霍姪曾孫景德表

從曾祖祖父步青賈府君墓表

府君諱聯捷字步青號雲程爲我　高祖王父之第三子
以清嘉慶二十三年十一月二十四日與我　曾祖王父
君山府君同日卒春秋二十有六語在　君山府君表配
韓太夫人無出亦以是年十一月十九日卒先　府君

之喪才五日耳春秋二十有八合葬於李家山之東嶺夫
聖人在上癘疾不降民不夭札非必其不降不夭也蓋亦
老有所養幼有所長耳後世政教不修醫學尤疏迂誕漫
西人隔離傳染之法入於中土者又遲而國人篤守彝訓
以侍疾嘗藥爲盡倫縱有以隔離之說進者或且斥爲不
情抑亦孝子賢孫義夫節婦之所不忍聞而且不願聞者
而國家社會又均無適宜之衞保以故輾轉傳染死亡相
繼遂不免束手聽之悲夫百年之前吾家不出五日連遭
三喪至不知爲癘疫而羣驚爲神煞鬼眚致可哀已敬爲

此表而系之以辭辭曰

維我賈氏出自姬姓叔虞少子賈伯受命羊舌之後賈季是稱著籍於晉弈世相承在漢有誼在魏有詡智慧文章莫之與伍逮及宏勰蜚聲齊梁耽也傑出作相於唐耽父元琰爲丞沁水裔族羈留雲礽百祀遙遙華胄歷世所傳書闕有間其實或然小市聚族於斯千年至明隆萬科第興焉繫我　高祖實生五子　公次居三淵渟嶽峙遺家丕造泰極而否慨與阿兄同日而死爰娶於韓家室是宜乃爲夫子先驅狐貍人孰無死有壽有夭於　公夫婦何

奪之早行義無聞所聞僅此天乎人歟莫究其理蒐山之
西沁河之陽回龍卜穴永世降康我表所親宜詳其世上
窮蟬嫣下詔來裔姪曾孫景德表

清貤贈奉政大夫從曾祖祖父瑤華賈府君墓表

公諱聯瑛字琢之號瑤華我　高祖王父之第四子　高
祖王母趙太恭人之所出也弱冠補縣學生員食廩餼教
授鄉里閭性恬靜布衣蔬食淡如也　趙太恭人生長金
陵食必魚稻又席履豐厚久風雞板鴨常懸挂庭柱間而
款待親友則仍治用鄉俗曰吾不肯以南人習慣變易吾

鄉儉德也　府君每自塾中歸　太恭人命之食則恆擇
菜羹麵食啖之久之　太恭人亦不強也顧常謂我　本
生曾祖王父琅華府君曰汝四兄無福消受肉食其任之
道光二十年三月二十一日卒於家春秋四十有一以我
季父書農公貴贈奉政大夫配　霍太宜人生我　從
祖姑一適張道光十三年十月初八日卒春秋三十有二
與　府君合葬於鍾甲坪　府君精堪輿學鍾甲坪塋地
府君所自擇者也姪曾孫景德表
清敕授承德郎貤贈朝議大夫本生曾祖王父琅華賈府

君暨曾祖王母[illegible]太夫人墓表

嗚呼惟我　曾祖王父　曾祖王母既葬於鍾甲坪之五十有[illegible]年不肖景德始克操筆爲文表於墓道當合葬時　王父府君嘗自爲誌銘埋諸幽宮不肖童年曾獲覩其手稿愚昧無知不省鈔傳熟識後竟不知遺佚何所而習聞於　王父府君者又多庸德之行無奇特之事可紀獨其狷介之性與夫不倚賴之心爲至可述矣　王父府君之言曰我　考府君志行高潔不喜爲世俗之談每稱人廣坐議論風生時則避去惟恐不遑以議敘候選通判居

吾　舅氏蓉生霍公廈門同知任所獨處一室不輕與人往還　舅氏性豁達公餘之暇好集親眷聚談每顧而問曰琅哥曷不在耶必三四請乃一至居恆鬱鬱以寄食親戚爲恥去而之同安爲某縣令主錢穀事閩地卑溼體弱不支竟以道光二十五年九月二十六日病卒春秋四十有四其時吾年僅十一耳計　府君之遠行也吾年尤幼小其生平事蹟則得自母家之傳述爲多也　王父府君之言止此其可傳者惜皆不可得而聞也則亦愈可悲也已配我　曾祖王母霍太夫人爲　蓉生公之從姊性嚴

毅有斷制羣從兄弟皆敬憚之自歸　府君後以家事牽累不常歸寧然母家有疑難事則常以　太夫人一言爲斷諸兄弟無不聽從也　府君幕遊闔中每寄貲回家必節嗇而用之以其餘置莊田爲子孫久遠計價縱昂不較也逮遭　府君之喪撫孤守節艱苦萃於一身　蓉生公擢守與化母家鼎盛從不肯以一錢告貸其教養我　王父府君也衣食豐足而督課則綦嚴嘗折襮面付質庫爲　王父府君購食物一日　蓉生公之夫人至揭襮視之則敗絮赫然見也　霍夫人心竊憫之又不敢形諸詞色

急還家以貲寄助　太夫人亦不却也平生治家以嚴待人以寬大而經心於教子課農小而督勤於庭除灑埽巨細躬親內外整肅每盛怒時家人父子屏息恐懼而寒暖飲食則體貼惟恐不周蓋自爲吾家婦以來數十年如一日也　王父府君五應鄉舉不第絕意仕進而　先公繼起以名秀才馳聲郡邑閒歲光緒己卯　先公以鄉試走太原時　太夫人病痿痺已經年矣望孫心切嘗謂吾母曰余臥病牀褥不能轉側苟捷音至者余必一轉身已而錄報至竟一轉身獨惜其未見　先公春官之捷也光

緒九年六月初六日卒春秋八十有二嗚呼自來創業之
家必有賢德之主婦經紀家政於內而後男子得從容展
布於外其在中落之家則需要爲尤殷吾家自　府君棄
養後兄弟五人僅遺我　王父府君一人賈氏不絕如縷
　太夫人辛苦支撑以養以教以至於孫曾繞膝科第連
綿俾　府君狷介特立之行得以稍伸於後世者繄維
太夫人是賴用是略書梗概並揭於阡使後之過者知賈
氏之中興其來有自而長親耆老及見我　太夫人略知
其平生者當能證其言之不虛云　府君諱聯徵字覲堂

號琅華以　先公及不肖貴初贈奉政大夫晉贈朝議大
夫曾孫景德表

清誥封奉政大夫晉贈資政大夫王父寅清賈府君墓表

自來子姓繁衍簪纓絫世之家雖發名成業有大小一視
其遭際之有幸不幸而爲之先者必爲奇偉非常之人其
威重智略達而在上則可以息天下之爭窮而在下亦可
以排一方之難伏處鄉閭積德絫仁者數十年以養以教
其子孫如我　王父府君其人者　府君諱沂字寅清號
與之自明以來世居沁水縣之端氏鎮稱著姓　府君豐

頤隆準聲如洪鐘生十一歲而孤　曾祖王母辛勤鞠育
成年後即資遣出外就名師勖學能文章補縣學生員食
廩餼五應鄉舉不第遂絕意榮途退而設教里門並課其
子若孫者讀　先公昆仲及景德弟兄輩皆稟承庭訓者
也教人不擇穎鈍詳解曲譬終日娓娓無倦容削改文字
恆遷就作者之意而爲之點竄不避淺顯以漸進於高深
門弟子應試獲高第者接踵而接待庶流一以和靄凡農
工負販以及傭夫走卒有請焉無不見有求焉無不應其
究也蓋無不各如其意而去救人之難濟人之急財不足

則盡之以力清光緒丁丑戊寅間歲大饑人相食　府君
請於大府設局河南之清化鎮運輸賑糧於澤州府各縣
全活者無算事竣曾忠襄公酬以官不受乃命大書旌表
第門　府君笑曰此分內事耳吾豈榜門示惠者從未懸
挂也待宗黨子姪恩義尤摯焚券還田宅蓋數數見矣鄉
人之就判曲直者得　府君一言無不欣笑而去成訟者
則留爲和解準情酌理曲盡調停之能事兩造無不感服
以是鄰近數十莊村無訟爭者近三十年有相語稱十六
爺者不問而知爲　府君陽城崦山七社纏訟十餘載積

案盈尺延　府君至一夕而決此其一事也凡景德所不
及敘述者以是推之　曾祖王母晚年病痿痺困頓牀褥
府君督率家人視於無聲聽於無形虔伺起居飲食凡
陳説故事承歡色笑　府君任之更衣進器滌濯污垢諸
婦及諸孫婦輩任之遇風和日暖昇遊庭院中則與　先
公等共任之蓋數年如一日也　府君體氣強健平生患
疾病時甚少以藉館穀養家用心過度自景德有識以來
即見　府君鬚髮皓白如六七十歲人　先公成進士後
祿入廉不能接濟家用而食指顧日繁　府君辛苦支持

厥狀爲至艱景德時雖幼小然亦心竊憂之而無可如何
也光緒二十一年正月十六日晨起無疾而終前一夕猶
率景德輩遊覽上元燈市也鄰近百數十里識與不識莫
不感慨唏噓往往有泣下者春秋六十有一卽以是年四
月十九日並　兩太夫人之柩合葬於榼山後之鍾甲坪
府君以歲貢生例敍儒學訓導初封奉政大夫晉贈資
政大夫配我　王母李太夫人事姑以孝治家以儉生
先公及　仲父藍畦　叔父文叔　季父書農兄弟四人
初封宜人晉封太夫人以清同治七年七月十六日卒春

秋三十有八繼配　侯太夫人無出以同治十二年四月
十五日卒春秋三十有一再繼　成太夫人生我　六叔
星東以中華民國五年三月初二日卒春秋五十有九皆
誥封如例　庶王母氏李生我　五叔舜臣　七叔問素
以光緒三十四年十月初三日卒春秋四十有五民國八
年三月初九日均祔葬焉孫男十五人孫女十二人曾孫
男八人曾孫女十一人賈氏其駸駸昌大矣乎嗚呼景德
自束髮受書後以小慧獨爲　府君所鍾愛年十一二猶
引與同寢處口講手畫訓誨逾羣從兄弟自愧威重智略

不及　府君萬分之一年近六十尚不能踔厲振拔發名成業有所建樹光大吾門副　府君期望之殷然猶得廁身政界參與軍國大計垂三十年夙夜在公幸無隕越者微　府君伏處鄉閭以教以養之力曷克有此然後知積德絫仁克昌厥後古人之言爲不虚而余小子檮昧無能弗克負荷　先人之彝德其幸爲已多其罪無可贖也敬爲此表揭於墓道蓋不禁淚涔涔下矣後之子孫其亦有秉　府君之教息天下之爭者乎跂予望之孫景德表

誥封奉政大夫候選訓導先考寅清府君行狀

我賈氏世居沁水縣東九十里之端氏故城自明隆萬時
以科第起家爲縣著姓我　高祖諱鼈　曾祖諱殿卿
祖諱聯徵生　府君少嗜學既冠補縣學生爲文獨闢谿
徑試輒高等補廩膳生遇學使者試經古題目隱僻嘗爲
同人誦所出書窮竟端委皆心折歎服顧不利於鄉舉外
家霍氏爲入貲得教職遂不復與試事　王母晚年病痿
痺　府君侍左右愓息唯謹嘗先意備所欲需當春夏暄
暖　王母苦悶鬱卽負之背遨步門巷間或看園中蔬菜
既倦歸家人衆多更番事奉夜則　府君獨坐榻旁問所

疾苦達曙不寐是時　府君年且五十鬚髮皤白　王母
雅不欲頻頻驚動而他人又殊不能稱意如是者六七年
丁戊大祲人相食紳民求振者譁譟縣廳縣宰癱病不知
所爲　府君急持狀上郡守守大驚曰此何時若官無一
字來白我君長者姑此待我當牒大府分截南漕以活若
縣人於是一以縣賑委　府君事竣巡撫曾忠襄公念
府君重學保以官不受爲撰額來旌於門　府君爲人寬
厚質直樂道人之善不喜忿爭鄉人有欲訟者婉爲排解
或不喻則曰官即廉明能直汝胥役不汝憐此輩人豈有

能饜其欲者且汝卽勝而負家心恚必伺隙謀覆汝彼此尋報無已時是兩敗之道也陽城七社搆訟積年官不能結社人越境釁至各陳其是非　府君曰社者先王以神道設教春秋祈報父老在前子弟在後進退禮讓正所以睦民而弭訟也以是久訟安用社爲社人大悟遂罷訟因爲文使之立石是後社人者輯睦逾於他村初吾　王父歿於闔橐中遺千金歸買山田歲佃穀可五十石光緒三四年後農戶凋零委爲草宅而食指日繁皆柔脆無能操耒耜者坐是家益貧　府君設帳授徒所得脩則市甘旨

奉吾　王母而自以儉素率家人又性喜周人館穀到門或廚無明日炊而親族有急即隨手散去端氏賈家替無他姓當大祲時族人有鬻圃宅者　府君數質衣物而買之不肖等請其故曰不爾且歸他人後族人來還則取其券盡焚之而各歸其人不肖等私謂某屋爽塏勝於我某園與我犬牙相錯於我宜何遽予若　府君笑曰是非汝等所知也　府君幼慷慨負濟世志既絕意仕進日以書史自娛吾家故有藏書乃盡發而讀之不肖等夜侍寢嘗爲講史漢騷經剖析奧義至漏三四下猶亹亹不已銅梁

吳春海先生守澤州撰明道書院記引朱子書有所謂趙無愧者徧咨諸博學家莫能其人西山歸叩之　府君曰無愧名君錫洛陽人事父良規至孝絕類徐仲車歷官神宗哲宗朝見宋史列傳第四十七因責西山曰讀書過目不忘固難然遇古人忠孝節義雖逸事都宜謹識不然空獵取奇典異藻而於此有關人心世教者忽不留意何爲也　府君豐頤隆準聲如洪鐘雙瞳炯炯能於四五里外辨人眉目昧爽即起終日端坐無倦容晚年體益豐鬚髯長尺餘見者咸以爲有期頤相乃正月十六日晨起步庭

中談語移時微覺[illegible]痛及登榻遽奄然而逝嗚呼蓋其前
夕猶攜諸孫看燈市中夜半始歸也　府君之歿也里之
人環宅而哭至營葬旁村運甓負土者日常數十人酬以
庸皆不受　府君諱沂字寅清號與之以吾兄官封奉政
大夫道光十五年二月十五日其生也光緒二十一年正
月十六日其卒也享年六十有一卽以其年四月十九日
葬於直所居西九里鍾甲坪　先塋之次元配我　母李
太宜人生吾　伯兄作人光緒己卯優貢是科舉人己丑
進士直隸卽用知縣同知銜次玉田未入銜次煥林縣學

生早卒次卽酉山光緒乙酉拔貢辛卯舉人繼配　侯太
宜人無出　成太宜人生吾妹及吾弟燿奎吾　庶母李
氏生吾弟乃賡麟書孫五人浩德景德縣學生受德樹德
進德女孫六人男酉山泣血述
王父寅清府君考終後　季父書農先生曾敬撰行狀
命景德恭繕寄請盂縣李羲軒先生爲撰墓誌未成而
羲軒先生亦歸道山原稿散佚已久不復能詳記民國
二十五年爲　府君撰墓表旣成獨於趙無愧一事雖
略知梗概而不能舉其説方走書懷仁詢之三弟讓叔

而七弟宣之適覓得原稿持示較景德所敍事蹟爲特詳而文筆簡古有法更遠勝景德萬倍　書農先生平生爲文矜慎卽尋常操筆作家報亦必胎息班書一字不肯苟下泣讀數過慙悚交幷敬謹刻諸碑陰冀存遺墨並識吾過且以補表文之不逮云景德附記

賈府君墓表

清賜進士出身誥授奉政大夫晉贈資政大夫皇考壽林有清自中葉以還仕途流品日雜咸同光宣之際捐納保舉之例大開取捷徑求官者得由異途彙進夤緣奔競之

術旣工賄賂請託之風遂熾而甲科出身者大都顧惜名
義泳沐儒風不屑爲苟且卑汚之行或需次十數年不得
一差一缺或竟黯然歸去而前之所謂善夤緣奔競者反
視爲迂疏無用而鄙夷之識者於以覘國運之隆替焉我
皇考府君年十四補縣學生員逾年食廩餼光緒己卯
舉優貢第一名旋中式本科鄉試舉人己丑成進士以即
用知縣分發直隸當是時南北洋號稱大省仕途尤擁擠
府君聽鼓五年循例衙參不汲汲自見鋒穎而上官亦
遂以衆人視之中間一出獨石口考查驛站條陳改革積

弊者數事未能見諸實行一赴曲周縣散放賑糧步歷各
鄉村逐戶清查饑民沾受實惠事竣以勞加同知銜其在
清苑縣發審局也判決如流案無留牘廉平爲同僚冠藩
司長隨某倚城社横行欺陵良家婦女事發立斃之杖下
同官胥爲　府君危　府君夷然不以爲意上官不悦一
再嚴詰示聲色　府君侃侃不爲屈竟亦無如　府君何
也嫉惡如仇根於天性景德自幼時每見切齒戟指往來
疾走庭事間及其既也則一笑而罷家人稔知其心有所
觸相戒不敢以他事擾如是者蓋屢屢矣目短視執卷近

眉睫十行俱下旁侍者但見書卷上下動無一時停而不見目之轉睛遂於歷史尤究心經世之學景德年十四歲讀庾子山哀江南賦而悅之　府君詔之曰不熟南北史而讀此賦寧能知其佳處耶遂爲之歷數侯景陷臺城元帝敗江陵始末滔滔滚滚半夕始罷其明年景德應秀才試獲雋赴縣行入學禮　府君曰汝且去吾一欲温𦦨正續資治通鑑比及景德返　府君方閱經世文編景德請問曰通鑑安在曰畢矣其生平讀書多如此人訝其速而實無所不記居恆几案間墨一盒筆一管外無長物　季

父書農公早年好書畫　府君諧之曰日星河嶽禽魚草木舉目卽是非畫圖耶焉用是爲爲文章下筆立就作秀才時恆特書院月課膏獎自給縣城距吾家九十里每屆課期門斗持題紙薄暮至則連夜篝燈成數藝分塡生童姓名遞明交門斗持以去其程限然也　先妣嘗告景德曰汝　父幼年勤於學得吐血症其應月課也吾見其伏案疾書恆徹夜不休少年不審衛生爲何事嘗爲之製炊餅以進怱遽不暇細咀嚼致傷胃終身不能夕食體羸瘠多病實基於此以是知寒士處境之難也景德泣而誌之

不敢忘　府君自奉甚儉約而樂於施與教育子弟雖窮乏不惜費而督課則毫不假借景德總角時嘗於睡夢中琅琅誦日間所讀書　府君笑謂　先妣曰此子讀盤庚三篇也蓋心所樂者固在哀江南賦一類文字然不敢不勤心於經訓光緒十五年將赴保定臨行命景德背誦四子書初未嘗有所躓也顧乃予以夏楚　先妣怪之　府君曰吾此行歲月遠近不可知令彼時時有所畏忌耳愛子之深心廸學之切望非常情所能測也光緒十九年冬府君既久不得志於仕進又以次年爲　王父府君六

旬誕辰歸里稱慶閱二年遭　王父府君之喪居憂年餘
應汾州府西河書院之聘當是時　府君以哀毀之餘肺
病復發者有日矣力疾就道抵汾陽而病益劇景德聞訊
往省已百藥罔效六月二十一日遂卒是爲光緒二十三
年卒未經月保定檄到補授遷安縣令前此蓋已有所聞
而　府君置之不顧至此乃一題寫銘旌論者悲焉春秋
四十有三後二十二年卜葬於槥山之印斗坪　府君諱
作人字壽林授奉政大夫晉贈資政大夫初聘　竇太夫
人未嫁而卒配我　先妣趙太夫人均以禮祔葬焉　趙

太夫人另有表嗚呼窮達修短之數知命君子之所弗言以　府君之氣節治行緣飾以文章學問若使早得其位必卓卓有所表見於世乃値仕途流品淆雜之日恥爲詭隨捷獲遂不克及鋒一試而竟黯然以歸歸而薦遭大故連蹇以病病中乃循資按格遙補一官則菁華告竭方將褰裳去之此豈所謂命者非耶然而天君泰然不以此累其心而降其志以視埽門由竇之徒洪淴依阿外慙清議內疚神明者校其得失孰爲少多蓋不待智者而後決也抑景德生値科舉將廢之時年二十五而成進士人以爲

府君餘怒未渫將於景德伸之國體改更初無賴於科第所謂伸者未知其何在也就使如論者之言得由景德一伸然已負我　府君矣何爲也哉何爲也哉男景德泣血表姻愚姪郭象升敬塡諱

清誥封宜人晉封太夫人先妣趙太夫人墓表

清宣統三年三月二十五日吾　母趙太夫人以疾卒於山東郯城縣官署景德扶柩歸里以道阻暫厝濟寧旋奉東三省總督奏調赴黑龍江省公署差次不數月共和宣布民國成立乃急返濟寧扶柩以歸民國八年三月初九

日祔葬　皇考府君之左後十七年其子景德始爲文表
於墓道　太夫人爲我　外王父慕渠公之長女年十五
歸我　皇考府君酒漿饎爨能舉縫紉刺繡能工不逮事
其姑即以事其姑者事其王姑　曾祖王母霍太夫人欣
然喜色以爲賈氏得賢婦也逢人道其能初生我長姊未
三歲而殤二十三歲生景德襁褓中孱弱多病　太夫人
之恩勤鞠育爲至難矣　太夫人嘗告景德曰汝之生也
未週歲患瘡疥徧身首僅兩手無恙耳吾日夕抱持之未
嘗去懷毒液沾濡百藥塗抹汙吾衣袖如漆每飯跂一膝

承碗以就食左疲則繼之以右雖溲溺亦未嘗寸步離房闥　王姑待吾厚然性嚴肅不使家人有坐食者時申申詈呵家人亦竊竊私議以爲是豈貴子耶乃値得如是護持者惡言貫兩耳欲脹而不忍置汝於不顧也及其愈也頭部脫痂宛然如栲栳使非吾忍詬叢尤汝得全耶婦人以生子發名成業光大門閭爲天職汝若不能騰踔奮起吾何以執閻者之口而對我　王姑於地下哉景德敬聆慈訓輒不禁感極而涕也其後吾弟進德生所以撫之者亦然每餐盡甘旨以授景德兄弟而已則雜糠粃爲食

皇考府君捐館後家人析箸分爨　太夫人權量多寡辛
苦平亭錢雖少而購物必備物雖少而必留有餘逮迎養
山左時時戒家人毋涉奢華以居官之日短居鄉之日長
也製輕裘以進則恆以布衣襲之以故歲久如新素非奉
佛而性不茹葷自遭　皇考府君之喪肝氣衝動常患胃
不消化吾弱妹又五歲而殤　太夫人之傷感於懷者蓋
亦多矣宣統三年正月間患感冒觸發胃病嘔吐不能食
遂卒當未卒之前一日尚更衣易牀與兒婦輩笑語家人
方羣相慶幸以爲病且霍然而詎意一夕之隔竟棄景德

等而長逝耶初　太夫人之病也景德正知郯城縣事郯號大邑命盜案甲於魯省往往一日赴鄉勘驗三兩起甚至有一家連殺九命者內侍醫藥外理政事卒卒無須臾之暇比病劇也衣不解帶者才十餘日耳以視　太夫人之恩勤鞠育其子者曾不獲報答於萬一而　太夫人以劬勞況瘁之身又不獲長享遐齡使其子稍盡烏哺之私舉天下人事之最難堪者孰有過於此者嗚呼男景德泣血表

清敕授登仕郎仲父藍畦賈府君墓表

海通以前國人安常習故視商業爲鄙事縉紳先生難言之而尋常商人者又大都無深識遠見畢生營營惟以權子母較錙銖逐什一之利爲能事其對於士大夫也或且敬而遠之習俗相沿蓋已久矣我　仲父藍畦府君生十餘歲即不屑伏案爲呫嗶業以爲儒生矻矻窮年所獲不過升斗而妻子啼飢號寒者如故也遂決然舍去習商業於陽城期年不遂所志歸而設肆於端氏鎮自爲之長以資本微而家用多復折閱後數年更創一肆其結局也如前平生議論嘗謂金錢到手不能翻轉數過使其子數倍

於母而輒隨手散盡寧不可惜　王父府君固深不謂然然亦竟任其所爲　先公與　季父憫其志而又料其必不獲伸也　王父府君性閎闊負經世略不治家人生產景德自有知識以來每歲暮見　先公暨　季父歸省傾囊出餘貲以獻　王父府君恆令吾　庶王妣烹鮮割肥爲食每飯家人父子聚於一室上下今古肆爲辯論或縱談鄉邦文獻親友家故事以爲樂比及開春啟行而前所獻之餘貲亦往往告罄　仲父心竊惜之而不敢發於言也清光緒二十三年　先公棄養　仲父則大戚以爲舉

家砮嫠數十口將無所託命憂勞兩年體日羸瘦而病益日深數數對家人言曰吾兄四十三歲而殂吾行年正達此數必不起矣竟以光緒二十七年二月初八日卒中華民國八年三月初九日始葬於梼山後之鍾甲坪嗚呼窮通之數蓋難言之矣以仲父負陶朱猗頓之才竭平生之力曾不獲稍有所展布而又天不假年使不得於景德俸入微厚世界商戰大開之日出其抱負絫致千金一覩國人變其重士輕商之習而竟齎志以歿也豈不悲哉

仲父諱玉田字藍畦以議敘授從九品銜配張夫人生

吾　先兄浩德六弟植德女子子三適張適陳適侯民國十八年六月二十八日卒春秋七十有二祔葬　仲父墓

姪景德表

叔父文叔賈府君墓表

我　叔父文叔府君爲　王父府君之第三子生而敦敏十五歲以高第獲售補縣學生員清光緒丁丑戊寅間歲大祲人相食　王父府君設局駐河南河內縣之清化鎮轉運賑糧不暇顧家事當是時我　皇考府君亦設教於距端氏鎮十五里之鼓堆村挈我　叔父暨　季父書農

公授讀焉　皇考府君偶患病還家以塾事授我　叔父
爲代誆亦重感時疫還家不數日而卒蓋光緒四年六月
二十日也春秋十有七後十七年始葬於李家山東嶺
從曾祖祖父步青府君之次從其所後也景德幼時嘗聞
王父府君詔我　諸父之言曰煥林生性穎異命相均
勝汝輩使果成人其造就或當較汝輩爲大煥林者我
叔父之諱也又聞我　季父之言曰汝　叔少年威重志
量過常人其患病也實吾策蹇送之還家病者中途口渴
不可耐吾輒摘田中王瓜進而食之或者其因此不起耶

凡此所云景德既稔聞之矣而高年及見我　叔父者又
每每道之以爲惋惜嗚呼我　皇考府君以名進士需次
保定骨鯁之氣廉介之操爲同僚所敬憚我　季父績學
能文章以名儒循吏見重當世而我　王父府君乃謂我
叔父之不若也昔魏武帝諸兒皆才而文帝及任成東
阿尤絕出乃又有愛子蒼舒十四而夭其才更在八斗繡
虎之上我　叔父誠不足以比蒼舒然其風概亦略可想
見已姪景德表

清敕授修職郎先叔舜臣賈公墓表

中華民國八年三月間余長山西政務廳事將旋里卜兆於梼山之卯斗坪爲　先公　先妣營葬事行有日矣遽得我　五叔舜臣公病卒曲沃縣差次之耗比抵里門見靈櫬已淒然在室一棺附身萬事都已吁可悲已　叔諱乃賡舜臣其字也爲　王父府君之第五子　庶王母氏李之所出少於景德者兩歲以議敘得候選府經歷職貌韶秀性純謹在家能順其親出門能得於友　王父府君棄養後　庶王母望子心切篝燈課讀往往至深夜　先妣常自謂弗及也光緒辛丑歲我　季父書農公掌教於

潞安之上黨書院以文學非我　叔所長薦之壺關習鹽業局促於商事者桼歲中間一走遼陽居　季父西豐縣任所民國三年余移鎮岱南迎至署中司會計是時我叔已患吐血症有年矣時發時愈余見其體日羸也心竊危之四年秋還家養痾六年春出榷菸酒稅於新絳縣七年以課最調曲沃繁局操守廉而綜核密方冀由此漸進俾獲大展其才而孰意舊疾復發竟不可治耶以八年二月十八日卒春秋三十有六即以是年三月九日葬於印斗坪回憶余年十二時偕我　叔由家塾歸中途相與擲

瓦礫爲戲不愼中　叔頭部血流如注急扶掖還家私心
惴惴以爲必受　王父府君之嚴譴也而我　叔竟以顛
蹶致傷對以此見我　叔宅心之厚也光緒丁未春余以
板輿迎養　先妣於山東招遠縣署公餘　先妣輒與瓆
瓆談家事　先妣嘗告余曰汝　庶王母患病時因困頓
牀褥久性情時涉暴躁汝　五叔侍奉在側衣不解帶病
者忿怒時則屏息以俟有亂命亦傾耳聽也吾初見以爲
是適然耳後歷數月吾見其未嘗不然也以此見我　叔
事親之孝也配　竇夫人生子男二長爲余九弟種德次

爲余十一弟巖德女子子三適張適程適何自我　叔故
後辛勤鞠育至於成人婚嫁以民國二十三年正月二十
六日卒又適在余旋里營建新宅時也嗚呼我　曾祖王
母以我　王父府君一子兼祧五房形單影隻欲得五孫
男分承五房後而我　王母李太夫人棄養時又僅生我
先公兄弟四人　王父府君再娶　侯太夫人無出而
卒再繼　成太夫人是時尚無子爲繁衍嗣續計乃爲
王父府君置側室是爲　庶王母氏李光緒壬午誕生我
叔　曾祖王母尚及見之乃竟天不假年中歲而殂而

種德弟又以英年病歿右玉差次雖修短之有命亦盛衰之無常輒不憚覼縷作爲此表樹之墓道既悲家門之不幸亦以使後世子孫兢兢焉知　祖宗餘蔭之不可常承而吾巖德弟幼年怙恃並失將獨立支持門戶尤當奮勉策勵竟乃父未竟之志而延　先人之餘慶於無窮云爾

姪景德表

祁太権運分局局長先叔問素賈公墓表

嗚呼自我　皇考府君卽世後三十年來遭家不造歲不二三稔輒有期功之喪死者不可復起存者又漸頹摧既

悲人世之促而中年以後之哀樂亦至可感也　叔諱麟書字問素與吾　五叔舜臣先生同爲　庶王母氏李之所出　舜臣先生病歿未三年而　叔亦卒時正綰祁太權運分局事也　叔生九歲我　王父府君棄養既長聲音笑貌視　王父府君具體而微性寬和饒智略弱冠棄書入縣城業鹽筴清宣統二年策蹇視余於鄉城任所習吏事者絫歲民國初年設肆里門持籌握算謀生計既不足以展其才乃走太原得委任充祁太權運分局長權運分局者受成於晉北權運總局者也民國成立財政部簡

閱各省產銷食鹽地方之未設運使者分區創設榷運總局並設一稽核分所而以西人總其成均直隸於財政部之鹽務署稽核分所專司經收鹽税而榷運總局則於所管區内或一縣或數縣畫設分局職司查緝私販及其繳也總局事者靳分局經費不予任其賄放私鹽慾壑不飽則更沒收其鹽而迫令輸納罰金上下交征利國病而民益困而經收鹽税之西人且從旁竊竊笑之官失其常亦國家之恥也我　叔受任後一反前任之所爲上官亦敬重之不敢示以私廉能爲時所稱民國九年以患病赴太

原醫治不效十一月初四日卒嗚呼自　叔之卒也我
王父府君之聲音笑貌雖具體者亦不得而見矣是可悲
也配　成夫人爲我　王妣成太夫人之姪生十弟毓德
十二弟齊德十四弟孝德今尚在堂民國十一年余回籍
修墓時三弟者年皆幼斬焉未除服而齊弟方十歲尤穎
慧　成夫人泣曰汝　叔不幸早死余以未亡人辛苦鞠
育諸孤家無長者余又不辨之無深慮荒嬉失教無以見
汝　叔於地下稔姪婦賢而惠又習禮明詩曷不擇諸弟
中稍才而可教者攜之出外施以教養冀薄有所成釋余

負而塞余悲耶余聞此言不禁悲從中來相與泣下沾襟也走書商之余婦慨然引爲己任遂挈齊弟以行歲月不居迄今忽忽十五年而齊弟亦將畢業大學矣丙子春余將爲　先塋樹墓表並雜爲文章近二十篇稿成以示諸子弟齊弟則竊竊私語曰曷不及吾　父耶余初以　叔柩尚權厝李家山未葬故姑闕焉聞齊弟言恍然於人子之親其親出於天性無所用其矯飾人之貴有子者亦以能慎終追遠不忘其親子子孫孫傳之於無窮而吾齊弟者乃亦知傳其親於不朽其孝思爲尤可嘉也敬爲此文

勒之貞珉以俟營葬鍾甲坪時樹之墓道吾　叔之靈當必含笑於地下而　成夫人哀感之懷亦可以稍慰矣毓德現任晉北鹽務督銷處科員孝德亦肄業於新民中學

姪景德表

清敕授修職郎先兄伯淵賈公墓表

兄諱浩德字伯淵　先仲父藍畦公之長子先景德七月而生同承庭訓者近十年長於記誦而短於徹悟終日琅琅在口顧不能操筆爲文章余十三歲隨　季父書農公肄業於府城明道書院其明年　兄亦繼往受學兄弟兩

人年相若好嬉之心亦同余自恃其有強記微長可以取辦於臨時也每乘　季父督課稍疏輒相與嬉戲無忌而兄則以功課不及程往往受譴責焉年少無知不省其近於暴人之短至今思之猶疚心無已也次年春　季父欲挈余一人行　王父府君笑謂曰吾固善訓鈍拙者其留浩德於家後二年　王父府君考終　先公甫除服又不幸棄養　季父亦移硯上黨子身支持門戶景德煢煢在疚遵　季父命伴諸叔父及弟兄輩讀書於里第者先後近兩年　兄乃不挾長執弟子禮甚恭雖受之者爲不

敢承而益見吾　兄之不恥下問出於自然其純良爲不可及也余嗣以奔走衣食幕遊各縣遠乎通籍服官山左去鄉里者十有三年吾　兄伏處鄉閭彖歲爲小學教師教課嚴明學子之父若兄無不以得賈氏之家傳爲幸民國八年余旋里爲　先公營葬事並葬吾　兄於楮山後鍾甲坪之　先塋親友祭奠之日見有著衰服跪於靈右者詢知爲　兄之弟子某某事雖溢於禮制亦可見吾兄教澤之入人深矣嗟乎自科舉廢學堂興學子不以教員爲師國家襲西人之皮毛亦竟明定於章制而身任教

沁水賈氏塋廟石刻文稿　

員者又多空疏無學濫廁講席不足爲人師表邪說暴興
廉恥道喪莘莘學子日爲出位之思叫囂恣肆禮法蕩然
執政者既姑息養奸而學校遂爲藏垢納污之地禍亂之
興有自來也使皆能循循善誘潛移默化如吾　兄者天
下尚有事乎　兄幼時從諸兒嬉墜牆傷右股弱冠以後
積血漸凝滯如瘤行動微跛而身亦孱弱多病民國二年
春余方持節臨雁門一夜夢吾　兄輾轉病榻間痛苦不
可支詰旦遣急足持兼金返里探視而吾　兄已困頓牀
褥者數月矣開緘輾然曰吾弟尚憶我耶喜極而哭俄而

遂不起以是年七月十六日卒春秋三十有四以議敘授府經歷職娶楊氏生子男二女子子四均早殤鬱鬱寡歡以宣統元年十月二十二日卒春秋三十祔葬　兄墓弟

景德表

元配張夫人墓表

嗟乎此余妻　張夫人之墓也　夫人以清宣統二年六月十七日卒於山東郯城縣署中華民國八年三月初九日葬於椿山之印斗坪距今十有七年矣二十五年春余既卜生壙於陽城樊山之九蕊芙蓉嶂以　夫人窀穸永

安於斯阡特表墓道以誌吾悲　夫人爲我　外舅敬甫
公之次女十九歲歸於余有淑慎惠溫之德而少敏捷經
紀之才　先妣性嚴厲治家有矩度以　夫人之未能悉
中繩尺也摘誤數尤嗃嗃竟日　夫人則屏氣以受從無
違言然　先妣之待之也大之應事接物則教誨惟恐不
至小之衣履妝飾則料檢惟恐不周然後知　慈母平日
責備於　夫人者蓋愛之深望之切遂不覺督之嚴也衆
人固無能窺此深心矣光緒二十八年生長子元亮其明
年又產一子不數月而殤三十三年隨　先妣之山東招

遠任所次年生女鄉姑以產後受風患腰骸疼艱於步履
者二年餘醫治不愈一夜余將就寢　夫人自內室出爲
余整理臥具失足仆庭事間竟折其兩齒余迄今憶及尚
怦怦也宣統二年隨余在鄉城任所又舉一子三日而殤
平日信乳媪竈婢不經之說以爲產後受風之病必再產
發汗乃已竟盛暑重棉冀收其效遂以汗出亡陽俄頃殞
絕比余聞訊往視已一暝不視矣時六月十七日去生產
才五日耳春秋二十有九嗟夫自　夫人之來歸也余以
奔走衣食頻年幕遊在外僅歲暮一歸不匝月卽去逮通

籍宦山左三年餘未嘗攜眷此六七年中與　夫人共處
者前後僅僅數月蒞任招遠後每晨起治官文書聽詞訟
擾擾至夜分不休恆終日不與　夫人謀一面如是者又
三年餘年少喜任事又習於公爾忘私國爾忘家之說鞠
躬執掌以求一試至不識天倫夫婦之樂爲何事今垂垂
老矣猶率故態是豈所謂愚不可及者歟然對於　夫人
則生不能盡一日之歡死不能爲一言之訣至今猶慊然
也吁可傷已　夫人性儉約畢生荆布不御絲繡余先後
爲置羊裘二襲僅新年一著旋即疊置箱篋中元亮長成

余繼室熊夫人始爲合製一裘衣之發篋如新余悽然不忍卒睹平生事余致敬盡禮不如意之事從未與余一道余不如意之事亦從未向余一施而綢繆恩紀一往情深憶甲辰歲余聯捷成進士得報後以入京資斧無所出繞室迴旋不已　夫人方爲余治晚餐時時窺余顏色含情脈脈若欲言而又不敢言者此情此景迄已三十餘年尚縈繞於思憶中而不能去爲文至此涕下漬紙輒增死不同穴之感矣元亮留學美國得電汽學士學位歸國後兼任數職行且能自立娶晉城郭允叔之女穉媛生一女子

士荃鄭女後　夫人一年殤於濟寧熊夫人撫元亮如己
出待元亮婦亦恩義兼至一門雍睦見者不知其有前後
母之分連產五男子僅存次子元茂女子子三元彤元蕘
元粲並皆穎悟知讀書所可告慰　夫人於泉下者秖此
而已景德表

季弟季滋墓表

清光緒丁未夏余在招遠縣任所得　季弟病歿太原之
耗急發電寄資爲營殮事先是　季父書農公以門人郭
允叔學行文章爲門弟子冠命　弟師事之並託其攜往

太原肄業師範學堂允叔亦深器焉而是時適在京師亦
不及見蓋曾撰爲哀詞致其悼傷之意頗及　弟之學行
而余未之知也　弟名樹德字季滋爲　書農公之第二
子在諸從兄弟行次居四性聰穎沈默寡言笑　先妣常
謂其精明藏於渾厚極似吾　叔父文叔公而豈料其絀
於壽亦似　文叔公哉自余官歷下不見　弟者數年光
緒三十一二年間　書農公謁選居京師　弟隨侍僕愚
魯不任事恆命　弟供使役值忿怒時譴責不稍恕　弟
則屏氣愉色事奉唯謹服勞以外仍誦讀不輟也嗟夫蓬

蒿枳棘雖踐折而無傷紫芝丹桂則翹翹不經風雨蓋自古而然矣以　弟之姿稟使假以歲年必當有所成就而竟不幸短命以死豈造物之不仁歟抑隆隆者易絕炎炎者易滅歟而吾　弟玉折蘭摧適丁其厄豈不傷哉以光緒三十三年六月十九日卒春秋僅二十耳娶張氏無出　書農公憐其少寡也攜之隨宦遼瀋待遇有加然亦鬱鬱寡歡以宣統三年四月二十二日卒於瀋陽春秋二十有三民國八年余卜葬　先公　先妣於印斗坪　書農公郵書諭之曰吾兄最愛憐樹德者使隨侍其伯父於地

下可乎遂並其妻合葬於斯阡兄景德表

妹萱墓碣

妹名萱我　季父書農公之長女也娟秀靜好依依膝下

季父實鍾愛之清光緒三十三年八月二十八日以疾

卒年十有六距季弟李滋之歿僅兩月耳當是時　季父

適在東三省總督幕府余亦攝山東招遠縣事曾記　季

父郵書示余有言曰子女繼亡不祥已甚其傷心可知矣

民國八年葬於椿山後鍾甲坪　先塋之左側遵　季父

命也晉俗凡亡女之未婚者例不得葬之祖墓必擇已故

未婚之男子以爲偶鼓樂導引綵輿在前喪車在後送之夫家之塋而合葬焉但計亡者生年之相若與否而不論死亡之先後也謂之冥婚陋俗相沿不經已甚我　季父特矯而正之可以爲晉人法矣兄景德撰

妹定墓碣

妹名定吾　母之幼女也以吾　父官保定故以定命名焉三歲喪吾　父五歲與鄰兒嬉失足墮溷廁而殤時清光緒二十六年十一月某日也吾　母哭之慟沐浴具小棺厝於南城外之長貴溝後三十七年余爲　先塋樹墓

表始遷葬於鍾甲坪萱妹之左立碣而系之辭曰

繄維吾　妹出水之芙三歲無　父惟　母是娛婉孌可愛　母之掌珠與鄰兒戲紫鳳天吳豈期失足畢命廁牏兄也惘惘少為飢驅高涼橐筆棄歲西徂歸省　母氏母淚沾襦謂汝妹歿吾望其蘇不避穢惡抱持而呼百呼不應人笑其愚吾親井臼婢媼一無疏於護持悼心失圖乃折吾女天乎人乎我聞　母語涕與淚俱綿綿此恨石爛海枯昔人說蓮淤泥不汙而況吾妹冰雪肌膚摧蘭折桂委於泥塗彭旣非壽安問蟪蛄有潔其魂歸於太虛有

質其魄藏此阡隅勒石刻辭以寫感吁歷千萬祀貞白不

渝兄景德撰

亡弟厚德墓碣

弟名厚德吾　六叔星東先生之次子中華民國十三年

二月二十八日以疾殤年十歲　星東先生愛憐其少慧

也葬之李家山東嶺吾　叔父文叔公之次嗟乎三十年

以來吾伯叔兄弟之子少殤者先後蓋十數矣民國十一

年余回籍修墓時弟方八歲頭角嶷嶷穎異逾常兒恆撫

摩之冀其長大有成也而孰意未兩年而遽殤耶余爲此

碣既傷逝者又益以歎醫道之不修國家遂隱蒙其害而
吾家之不幸又其小焉者也兄景德撰

印斗坪先塋記

陽城沁水之間有兩山焉皆奇峯特起高出雲表爲衆山祖東名岳神山其落脈處上爲沁水之端氏鎮下爲陽城之潤城鎮西名仙翁山其落脈處上爲沁水之下韓王村下爲陽城之下佛沁河蜿蜒流其中山水明秀自有明以來數百年於茲文儒學士顯人達官掇巍科光史乘者踵相接而項背相望余嘗登仙翁山絕頂天風颯颯吹衣袂

下視則支分條貫脈糸分明如巨鳥之伸其爪趾其一支由過蜂腰東下突起爲大嶺王山又過峽而爲榼山榼山者以形似酒榼而名之者也松柏連山負岡鬱鬱彌望而梵宇琳宫崇樓傑閣又相與掩映其間疊秀貢奇應接不暇在陽沁兩縣最爲勝處當山半之左有地圓廣數十畝者爲印斗坪去端氏故居七里而強余　先塋在其中面對岳神山左有鬼山右有牛尾嶺天馬山而天馬山則視牛尾嶺爲低沁河曲折繞其前下有清泉出焉泉甘石峻老柏數株生石罅盤屈傾欹欲偃下有石柱承之遊人詞

客往往牽拂相招掇拾松柏枯枝煑茗清談竟日相娛嬉不忍去民國八年余擇地葬　先考妣平江吳訪仙精青烏術跋山涉水爲卜此兆喜不自勝以爲獲未曾有定爲乾山巽向余少時亦嘗登此山而竟不知有此勝地也塋内　先考妣葬正穴余　五叔夫婦葬其右余妻　張夫人葬　先妣之左次再左則余　季弟季滋夫婦之塚也夫風水之說出自堪輿家之言蓋亦有其籍徵焉然遂欲以是長子孫求富貴利達則大惑也去城郭溝壑較遠擇高敞爽塏山水環抱之地使先人之靈奠於斯而永於斯

則亦已矣庸何鬼饜是求哉且夫人子之於其親也亦惟盡吾之力以求吾心之所安而已矣使後世之子若孫皆能如吾之盡力而不至因循頹廢置先人遺體於漫焉兩可之閒是亦足以亙百世而常存也而況佳氣鬱葱如茲山者乎然以是質之慕歐風持新說者則又當笑我頑也

創建賈氏家廟記

吾賈氏世爲端氏著姓有明以前世系無可考歷代相傳謂唐宰相耽之弟爲端氏尉裔族遂流寓於此然考之唐書宰相世系表則僅列耽之父元琰爲沁水丞並無弟爲

端氏尉者端氏沁水在唐時久已分縣而治元琰之裔族容或有流寓於端氏者然亦荒渺難稽矣　十六世祖諱喜者生四子後世遂分爲四門余本支爲長門長門家廟位舊宅之東南地狹隘傾圮者近六十年矣中華民國二十三年余經始營造新宅遵古人築宮室宗廟爲先之義以國幣三百圓購宅東北族人靜樂園故址創建焉廟五間祧室東西各一庭三楹庭東西廡各三間東藏遺衣物西藏祭器賑饋治具室一滌器所割牲所各一中門一外門一左右門各一皆略遵舊制而建者也接連西祧室管

理室兩間中門外東偏廚室三間西偏碑亭三間外門右鼓樂亭三間西南隅便門一通吾新宅則變通舊制而建者也計用國幣五千圓有奇余獨任之廟正中祀吾本支之祖以吾　皇考爲始爲大夫者禮得立廟且當爲不祧之祖也左一間祀東院一支之祖再左一間祀賈宅一支之祖右一間祀後院一支之祖再右一間祀馬家院一支之祖吾長門應祀之祖盡在於是矣東院賈宅後院馬家院者皆鄉人數百年來所稱謂家喻戶曉無以或易者也夫神之陟降莫親於祖爲人後者能隆於生我一本之祀

則歲時蒸嘗起敬起孝尊卑有禮長幼有序其不率教者則更集族中之長老施訓戒焉其裨益於家教而資矜式於鄉里者蓋不知其凡幾也嗟夫挽近以來上無道揆下無法守賊民之興久矣所賴持維於不敝者亦以家族制度之尚存耳夫積家而成村積村而成縣積縣積省而成國家亦猶夫軍師旅團之由班排連營而成也班排治則軍師無不治其在國家也何獨不然使天下之人皆能齊其家敬其宗睦其族則國家何患不治所謂齊其家而天下平也顧今之學者則且采種族不同禮教異俗之制舉

所謂宗法社會家族制度者將壓櫜而敝屣之則吾之爲此也豈不大相刺謬乎然而王道始於鄉禮失求諸野吾子姓茍能由祀先事長推而至於敬宗睦族擴而大之至於治國平天下則吾賈氏將世世爲端氏著姓而海内外異言怪論或亦有所轉移濡筆爲記用示來兹又不禁有無窮之感也

述哀五首并序

述哀五章賈君煜如之所作也樹欲靜而風不停子欲養而親不待鮮民之生有同悲矣況乎辟呫恩深髮膚任重家徒壁立惟一經之可遺德有衣言雖三遷而不吝發名成業不假外師就溼推乾同乎傭保者哉君銜恤永慕篤棐自將述爲聲詩以寫菀結骨肉之感百代同符血淚所傾三光淪色蓋不特慈孝之極軌亦庶乎文章之偉觀已象升與君廿載密交堅逾金石兩家內事瑣識米鹽讀君篇章隕我潸淚王裒弟子曾廢蓼莪

歐九生平敢忘沙荻削之者固屬多事讀之者誰能終篇聊爲刊傳以當箴誦風騷矩則名敎防閑其亦粗有裨歟淵明三良之詠少陵八哀之篇情在等夷尚資倫誼君此所作視之遠矣願書萬本傳質四方後之覽者亦將有感於斯晉城郭象升撰

我生總角時叔姪輩三五小慧異羣從鍾愛獨王父夜眠引同寢有母不知怙說經詩解頤問字指畫肚十齡攜入塾家食艱脩脯暮歸日銜山朝食日過午往還命前行行步爲規矩鄰翁時見之口譽手摩撫背人學時文衣袖懷

短簿懼兒失矩矱心與面不取命題製小詩遷就施削斧
矜衒類得餅未課與已鼓十四遊郡城熱病經月愈走書
責情狀請不盡覼縷發篋呈近作疑慮藉析剖歲暮天旣
寒還家諸父聚側聞談古今肅立倚牖戶老人鬚髮皤噭
噭待畜俯請係壽者相那知心力苦良宵值上元有兒侍
厥祖愛兒賜膹飯歡意動眉宇兒恐祖未飽婉辭翻攖怒
率兒祀觀音跪拜在壂土子孫已成行默感徹肺腑相將
燈市遊言笑逮賈豎豈知一宿歡撒手成千古兒少祖愛
憐兒貴祖不覩賜兒半甌飯彷彿有天數老大百無成將

沁水賈氏塋廟石刻文稿 四十四

何爲報補墓門木已拱言念淚如雨
淒淒鱣堂陰慘慘西河道孤雛扶輀歸哀哀念先考少小
懾威稜敬惕自襁褓笑語黄河清入門不一抱行年屆九
齡始從學洒埽一卷授葩經斐然富文藻改歲捷春明一
官走津保七篇督背誦遺字細搜討父行恐兒荒撻楚予
以早五載歸去來骨瘦形復槁百年縈私憂期頤每暗禱
見兒身長長粲然齒爲皓喜兒食量强頑腹啖魚稻文章
妙塗改精微而渾灝小試假扃門西窗日出杲父自任主
司命母充隸皂阿叔巡風簷三藝具脫稾阿祖笑顔開小

子或有造兒佐母治麥趣語出二老母謂兒聰穎成就較父好父笑謂誠然翰林當芥草那知宰官身墨綬仍潦倒官卑何足論父身何不強居憂一載餘扶病之汾陽東門設祖餞里老集路旁兒少不解事焉知摧肝腸書來父病劇不覺淚奪眶隻身走千里父見語轉長謂父病常事汝叔何張皇今年歲在酉秋試舉子忙我正好攜汝往踏槐花黃汝學旣未成汝文寧當行得失有遲早汝祖曾汝望課讀至夜午徹耳聲琅琅兒見父咳唾食少身羸尪密書報阿叔延醫馳輕裝葠苓與膠桂都不達膏肓膏肓不能

達決計還故鄉父語兒記取吾篋有冠裳中途或不諱棺
殮無慘傷汝母愛幼女汝弟方跳踉重輕勿倒置施教宜
有方一甌苡仁粥我賸汝其嘗感祖臨終賜又聞語不祥
粒米不下咽淚枯涕塞吭宵深父不寐轉側在榻牀氣盡
歸太虛悲風動空堂尤人人不任怨天天蒼蒼忍慟收涕
淚毅然大事當
我身幼孱弱撫育恃我母罔極感深恩無母我何有母常
謂我言兒頃面何黝兒生方周晬瘖疥徧身首百藥厚塗
抹玉雪膚兩手炯炯豁雙眸鬼魅無其醜號嗄不去懷忍

苦與兒守我衣已如漆我寢不解紐一手抱兒坐一手進羹糗置盌屈其膝左疲代以右從朝或至昃自晨或逾酉終朝困牀榻房幃任溺溲祖姑龐以溫愛我過諸婦詬責時一加爲兒甘任咎兒病既已痊頭殼脫如斗從此黑而赤不變久之久顏色寧足論活命誠非偶若非母護持十兒死已九母生始兒一望兒意良厚望兒大門閭望兒啟厥後倘非兒成人安執簡者口艱難告兒知兒其愼荷負婢媪聞母言起敬暗伸拇孤兒感母慈刻骨銘不朽百里花縣封一樽爲母壽

母壽既極樂翻觸兒時悲思母廿載前欲言淚先垂母壯痛殤女母病侍者誰炎夏苦赤痢呻吟牀與帷有兒課早罷望門日先馳湯藥與便溺跬步不忍離終究是男子安得如女兒辛勤蓄甘旨兒飽母獨飢三餐雜糠粃但恐兒兒知兒知有何妨歡受從不辭弱冠出門去寄人籬下籬百金歸獻母平亭唯所宜若者娶新婦若者儲鹽菜錙銖必較量終歲無匱時逮兒官歷下道遠音信遲艱難勉措拄累兒無一詞兒生母茹苦兒長母漸衰有肉母不食蔬菽甘如飴錦裘尚以褻歲久仍新皮五年板輿養母志寧

在茲兒成願已了倏赴同穴期再娶得賢婦不及事母慈
念母時一慟日慘風凄其
季父書農先生曰篇中所舉各事大都爲余稔知者詩之工拙姑不具論其好處全在一眞字
右詩五章爲余民國十二年所作者二十五年爲 先塋樹立墓表並建築印斗坪望廬落成特倩忻縣甯君子高端書刻石嵌之廬壁以補表誌之不逮云景德誌